クソババア、ごめんなさい

暴言の強い
自閉症児の
子育て18年

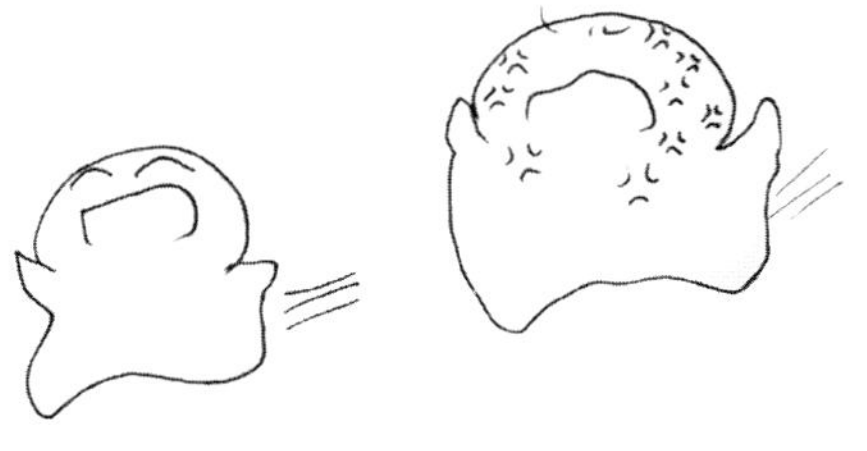

著　あらがき さより

マンガ　あらがきナナ

ダジャレ考案　あらがきスー（父）

金木犀舎

はじめに

「『クソババァ』という人は、ここを通しません」

私は週に一度、小学校で読み聞かせボランティアをしています。このことばは、私が6年生の教室で読み聞かせを終えて、廊下に出るとすぐに聞こえてきました。

そこでは、エアコンの冷気が逃げないように取り付けられたドアをはさみ、支援の先生と女子生徒がにらみ合っていました。しばらくして先生はその場から立ち去りましたが、女生徒は悲しげで、どうしていいのかわからない様子で立っていました。

その女生徒は、特別支援学級に籍を置いている6年生です。読み聞かせを聞くために通常学級に入ろうとしていたところで、先生とトラブルになったのでしょうか。

私は、発達障がいのある娘と、その女生徒が重なって見えました。

末娘の那奈《なな》は2歳10ヵ月のとき、自閉症と診断されました。今年、高校を無事に卒業し、今は社会人として働いています。絵を描くのが好きで、幼い頃からいつも那奈のそばには絵がありました。４コママンガを楽しそうに描いている那奈の姿を見るのが私は大好きです。

聴覚が特に過敏で、日常生活に大きなストレスを感じているせいか、那奈はひどい暴言を吐いてしまいます。自分への否定的なことばだとわかると、「クソババァ!」と私に怒鳴っては、すぐに自分から「お母さん、ごめんなさい」と謝ることを何度も繰り返してきました。そして、「こんなこと言いたくなかった」と泣くのです。小学2年生になった頃からは、毎日謝ってばかりでした。今日までいったい何度謝ったのでしょう?

自分でも暴言を止めたいのに、なかなか止められない、というのは数多くある自閉症の特性のひとつです。

私自身、子育てに迷い悩むこともたくさんありましたが、今は

「この子が生まれてきてくれてよかった」

と心から思えます。

自閉症児にかかわる先生方、保護者の皆様、そして、当人たちの力に少しでも役に立てれ

ばと思い、これまでの娘の記録を引き出して1冊の本にまとめました。壁にぶち当たるたびに私が心の支えにしてきた、お世話になった先生方や本からのことば・名言も合わせてご紹介しています。いくつかのことばは私が揮毫させていただきました。

ことばには力があります。勇気をもらったり、やり直すきっかけになったりしますが、ときにはことばによって傷つくことや、疲れてしまうこともあります。この本を読んでくださっているあなたが、よい影響を受けられることばだけを選んで取り入れてくだされば と思います。

困難を笑いに変えるために。

２０１９年12月

あらがき　さより

重荷が人をつくる
身軽足軽では
人はできぬ
徳川家康

もくじ

診断

「うちの娘は、自閉症です」

このことばを口にするのに時間がかかりました。自分の娘が自閉症ということを認めたくなかったからです。それが娘を苦しめていたとは思いもよらず、親の言うことを聞くように、教育しやすいようにと、毎日毎日怒鳴り続け、娘の気持ちなど知ろうともせず最低の母親でした。

いま思えば、いつも娘に励まされていたことに気づきました。

娘は「愛する」ということを私に教えてくれました。

沖縄で暮らす私たち夫婦には、４人の子どもがいます。上から男、女、男、女と、どれも干支や月まで考えての計画出産でした。何もかもが思いどおりにいき、「生きていることは素晴らしい」、そう思えるほど薔薇色の人生でした。毎日の成長記録に胸を弾ませ、育児書どおりに成長していく子どもたちに幸せを感じ、期待が膨らみました。

末娘の那奈は、生まれた時から何の問題もなく順調に発達段階をたどっていました。9ヶ月にはひとり歩きをはじめ、1歳3ヶ月になると食卓の周りを走り回るようになり、私は「行動の場がどんどん広がっている」と喜んでいました。ただ、11ヶ月で「マンマ」と発した以降はことばが出なくなったので、ことばの成長の遅れには少し焦りを感じるようになってきていました。

1歳10ヶ月で保育園に入園したのですが、保育士さんから「那奈さん、家ではどうですか？」と聞かれることが多く、私は何が言いたいのか、いつも疑問に思っていました。先生に園での様子をたずねると、部屋からよく飛び出し多動の傾向があること、名前を呼んでも返事がなく、人と目と目を合わせないこと、お友だちに関心がないこと、また、やって欲しいことがあると先生の手を引っ張るということでした。自分の要求を口で言えず、親や先生の手を引っ張って伝える行動をクレーン現象といい、自閉症の幼児に特徴的な行動パターンだそうです。

私は20代の頃に保育士をしていた経験から、同じ年齢の子どもたちと比べて那奈が「おかしい」と思われたなら「素直に受け入れるしかない」とは思ったのですが、障がいのことについて何も知らなかったので、「何かの間違いであってほしい」と願いながら那奈を療育センターに連れていき、発達検査をしてもらいました。那奈と一緒に検査結果を聞きに行くと、那奈はお腹が空いているのと眠いのが重なり、部屋の中で大泣きしながら暴れ出しました。その那奈を横目に見ながら、医師は

「この子は自閉症です」

と一言。

覚悟はしていたものの、まるで絶望の淵に突き落とされたかのようにショックでした。大泣きしたままの那奈を車に乗せてとにかく帰ろうとしたところへ、ちょうど保育園から子どもを連れて帰っていく親子３人組が、ゲラゲラ笑いながら歩いてきました。その楽しそうな姿を目にすると「普通っていいなぁ」とふと思い、今まで「子育ては大変だー」と思っていたことが、いかに幸せだったか……「普通」のありがたさを思い知らされた瞬間でした。

絶望感にとらわれた私は、車中で大泣きしている那奈と一緒に「死」のことが頭をよぎり、このまま死んでしまおうか？　一瞬そんなふうに考えました。でも同時に、私にはまだ他に、３人の子どもと夫がいることを思い出し、ハンドルをしっかり握りしめた記憶があります。

「自閉症って何？」

受け入れられず、どう育てていいのかもわからず、「間違いであってほしい」と何度も思いました。私の恩師で、沖縄女子短期大学元学長の鎌田佐多子先生に泣きながら電話を入れたのは、そんなときでした。鎌田先生は弱音を吐いている私に少し強い口調で、こんなふうにおっしゃいました。

「自閉症という冠を捨てなさい。この子はこの子なんだから」

このことばでどんなに励まされたか知れません。解放されたようにさえ感じました。

それからは「自閉症」とタイトルにつく本を1週間に10冊以上も読みあさりました。自閉症についてだんだんわかってくると「大丈夫かもしれない」と思えるようになってきました。そして、そう思える自分が好きでした。

自閉症と診断されたことで、保育園から、巡回指導の先生を紹介してもらうことになりました。那奈のことをどうサポートすればよいのかについて、保育園の先生と一緒に個別指導が始まりました。ことばの遅れもあったので心療内科医にも通いました。小学校2年生からは療育手帳をもらい、サポートセンターやガイドヘルパーさんにもお世話になりました。差別されているような感覚はなく、みんなに守られている感じです。

わからないことがあればひとりで悩まず、相談できる相手がいる。一緒に考えてくれる相

受け入れることなしに
何も変えることはできない
ユング

手もいる。そう思っただけでもすごく気持ちが楽になり、怖くもないことを知りました。今、思えば、あのとき素直に検査を受けて本当に良かった。保育園の先生には感謝しかありません。

診断名より対処法

なぜ診断名をつけるのか。それは「どう対処したらよいか」の指針とするためです。本当に大切なのは、「診断名」ではなくて「対処法」です。診断名とは、対処法を探す手段のひとつにすぎません。

『こころをラクにあたまをクリアに』(大林　泉著)

祈る姿

生後9ヵ月からひとりで上手に歩くようになった那奈は、1歳半にもなるとテーブルの周りをグルグル走り回る姿がよく見られるようになりました。ときには、自分の体をグルグル回す姿も……。

山本加津子さんの著書、『手をつなげば、あたたかい。』にはこんな内容のことが書かれています（以下、筆者要約）。

自閉症と呼ばれる子ども達が揺れたり、手をひらひらさせていたり、物を回したり、自分で回るなどの動作は、祈る様子、祈る姿、祈りに、そっくり。例えば、繰り返し高くジャンプする様子は、マサイ族の人達がジャンプしながら祈る様子にそっくり。ハンカチをクルクルずっと回している様子は、ネパールやチベットの人達がマニグルマを回しながら祈る姿にそっくり。

スカートが丸くお椀形になるほど、クルクルよく回る姿は、トルコのメヴラーナ教の踊りを思い出させます。メヴラーナ教は、イスラム教のもとになっていますが、日本ではイスラム教を「回る宗教」と書いて「回教」と言います。

自閉症の子ども達が揺れている時には、原始脳が活発になる事がわかりました。そして、やっぱり「祈り」にも同じ動作がある事がわかりました。

また、テンプル・グランディンさんもこのように書かれています。

くるくる回しも私の好きな行為だった。床に座って自分でくるくる回ったものだ。そうすると部屋も私と一緒に回った。この自己刺激的行為は、周囲を自分でコントロールしているようなパワーを感じさせた。

『我、自閉症に生まれて』テンプル・グランディン&マーガレットM・スカリアノ著、カニングハム久子訳)

未知の小学校

小学校へ入学する前に、発達障がいがある子どもを持つ親のための「就学前の説明会」がありました。

ちょうど那奈が小学校へ入学する年（２００７年）の４月から、特別支援学級がなくなり、障がいのある子どもたちも通常学級へ入れるようになるという話が出ていました。具体的には、在籍を通常学級に一元化し、その子どもに応じて、必要な時間だけ特別な支援をする「特別支援教室」を設けるという構想でしたが、「固定の特別支援学級の機能を残すべき」との強い声があがったので実施は見送られました。特別支援学級に在籍している保護者からの不安の声だったのかもしれません。

発達障がいがある我が子が小学校へ入学するときの不安は大きく、説明会に参加している保護者たちの顔には、子どもの成長を喜ぶどころか、未知なる世界へ飛び込む不安が広がっていました。

那奈が小学校へ入学するときのことをいろいろ考えながら、何気なくつけたテレビに「この子を産んで本当に良かった」と満面の笑顔で話しているお母さんたちが映っていました。10組の親子が研修室のような所でテーブルを囲み、ゲラゲラ笑っています。その隣に座っている子どもたちは、みんな障がいのある20代の方で「いろんなことがあったけど、どれも良い経験」と私に訴えているように感じられました。

「いつかこんな日が来るのだろうか?」

このときの私は、笑って話せる日がくるなど想像できないほどに、未来が不安でいっぱいでした。

小学校に入学するにあたって、教育委員会から那奈は「特別支援学級が相当」と言われました。「全体的に1歳半の遅れあり、集団面では3才レベルなので安全面を考え、特別支援学級のほうがよい」との判定でした。

また、就学時検診でも、「発達障がいの疑いがあります。特別支援学級への入学をおすすめします」と言われました。

。できるだけ健常児に近づけようなんて思わないことです。

。どんなに努力しても健常児にはならないのです。

。死ぬまで障がいを抱えて生きていかなくてはならないのです。

。おじいさん、おばあさんになっても自閉症は自閉症、学習障がいは、学習障がいです。

といったことを口頭で伝えられました。専門家からのことばを受け入れることは大事だとは思いますが、このときのことばはあまりにもショックでした。「あなたのお子さんはこれですから」と自閉症の本を突きつけられたようで、自分だけにのしかかった責任の重さを感じたときでもありました。

「特別支援学級が相当」と判定が出ましたが、那奈本人は特別支援学級をひどく嫌がりました。どうして特別支援学級に行きたくなかったのか、最近になって聞いてみると「みんなと離れるのがさびしかったから」と言っていました。その当時はお花に興味があったので、少ないお花より、たくさんのお花に囲まれたかったようです。

できるだけ本人の希望を叶えてやりたいと思い、ヘルパーを要請し、通常学級に籍を置かせてもらうことにしました。

通常学級にいる中で、自分はみんなとは違うということや、どこが違うのかということの認識にもつながるし、私もサポートをしながら、この先をどうするか判断していきたいとの思いからです。

入学式当日。小学校の門をくぐって、那奈と一緒に未知なる世界へ飛び込みました。心ウキウキどころか、ガチガチの不安の塊でした。

大丈夫
心配するな
何とかなる
一休

入学初日から校内放送に大パニック

新しいランドセルを背負った那奈と、初めて一緒に登校しました。その日は天気も良く、機嫌もよかったのですが、小学校の門をくぐると同時に突然、校内放送が聞こえてきました。その音に那奈は大パニックを起こし、「やめて〜」の連発で耳をふさぎ、恐怖に怯えた表情です。小学校初日からのパニックに、私は不安でしかたありませんでした。日頃からお世話になっている居宅介護事業所Ｈ２Ｏの石川美由紀さんに相談したところ「見通しができないものが恐いから、放送している現場を見せて、誰がどこで話しているのか、仕組みを理解させるのが効果的」だと教えてくれました。

学校生活にも慣れてきた7月には、校内放送の仕組みも理解し、登校すると最初に向かう所は決まって放送室で、「音を小さくしてください」と自分の思いを伝えられるようになりました。でも、急に流れ出した放送にはやはりパニックになり「イヤーやめて〜」と言いながら耳をふさぎ、教室から出てすぐの中庭まで飛び出すときもありました。

そんな様子を見た同じクラスの男の子が、暴れる那奈を後ろから抱きしめて「那奈、大丈夫、大丈夫」と何度も言ってくれていたあの光景は、今でも目に焼き付いています。ありがとう。ありがとう。

２年生になると給食の時間に流れる放送も嫌がるようになりましたが、そんなとき、担任の先生が給食献立表を那奈に見せて「今からここを読むからね、今、ここを読んでいるよ」とメニューを指でなぞりながら教えてくれていたそうです。周りに支えられながら学校生活を送っていました。

ところが、校内放送をあれだけ嫌がっていた那奈が、６年生になると生活委員会に入り、職員室のマイクから「生活委員会からのお知らせです」と放送までできるようになりました。どうして放送ができるようになったか聞いてみると「嫌がらないようになりたいから」と答えるのです。より良い自分になりたいという那奈の気持ちが伝わり、成長を感じました。

小学２～３年生の頃、学校ではイヤーマフをつけていました。特に全体朝会でのマイクの音はつらかったようです。

感謝

聴覚過敏――太鼓の音はキレイな音

3歳の時から聴覚過敏が強くなり、パトカーや救急車、消防車のサイレンの音や、鳥の鳴き声、犬の吠える声、特定のテレビのCM、トイレの流す音までも……娘曰く「耳がつぶれそう」「悪魔の声」なのだそうです。

また、雨の音も苦手で「砂嵐に聞こえる」と言い、雨の日は機嫌が悪く、気持ち悪いとも言います。スピーカーから流れる音は特に苦手で、小学校の校内放送だけではなく、朝会では校長先生の話が長くなると「おしゃべり早く終われ」と声を張り上げたり、スーパーでも、スピーカーから流れる音には耳をふさいでいました。

特に強く印象に残っているのは、那奈が1歳半の頃のことです。昼寝をさせようと抱き上げ、背中をトントン叩きながら子守り歌を歌っていると、突然小さな手が私の口をふさぎ、歌うのを止めたのです。まだことばを発することができなかった那奈は、ただただ私の口を思い切りふさぎ、子守り歌を一度も歌わせてくれなかったことをよく覚えています。

音は逃げられないので、我慢、耐えていく。知恵がつき、こういうものだと悟ると良くなる。好きなものを選んで聞けるからコントロールできる。治すのではなく、納得して耐えていく、自己規制できるようになる。変化できる。

巡回相談員　中村哲雄先生

聴覚過敏に苦しんでいる那奈に、音には嫌な音だけではなく、キレイな音もたくさんあることを知って欲しくて、バイオリンやピアノ等の公演にも何度か足を運びましたが、どれも最後まで聴くことなく、途中で帰ってばかりでした。

でも、勤労障がい者打楽交流団・瑞宝太鼓《ずいほうたいこ》は違いました。瑞宝太鼓は、知的障がいを持つ若者で構成されているプロの太鼓集団です。太鼓はものすごい迫力で響き渡り、太鼓を打つ顔には笑顔があふれ、楽しさが伝わり、嫌な音には耳をふさぐ那奈が瑞宝太鼓の音には耳をふさぐことなく、最後までしっかり2時間座って聴き入っていました。

終幕では、観客も舞台に上がって盛大に盛り上がり、那奈も興奮して舞台に上がったり下りたりの繰り返しでした。小学校2年生のときでした。

暴言のはじまり

那奈が最初に暴言を吐いたのは5歳のとき、保育園で食事を済ませた後のことです。体拭きをしてから、お着替えをするのですが、なかなか動かない那奈に先生が急ぐように声かけをすると「うるさい、おまえ」と言ったそうです。

幼稚園の頃、長女と那奈と私の3人でバイオリンのコンサートに出かけました。会場は満席で、立ち見も出るほどでした。いつでも抜け出せるように一番後ろの端の席を取り、開演を待っていると、バイオリンではなくピアノの演奏が……すると、「ピアノやめれーピアノ弾くなー」と声を張り上げ、静まり返っていた会場に那奈の声が響き渡り、観客の視線が一斉にこちらへ向けられました。急いで子ども観覧席へ移動しましたが、あのときの視線の怖さは、今でも鮮明に覚えています。

「バイオリンのコンサートに行こうね」

そう言って出かけたので、ピアノの演奏にかんしゃくを起こしたようです。

真面目すぎて融通が利かない

融通が利かないことは学校生活で問題になることがあります。時間割の変更や突然の教師の欠勤という事態で、不安を感じたりかんしゃくを起こしたりします。

『アスペルガー症候群を知っていますか？』（社団法人日本自閉症協会東京都支部）

5年生のとき、学校まで迎えに行くと、那奈のクラスメイトが私に「那奈に崖から落ちて死ねと言われた」と言いにきました。

私は、あわてて那奈に「謝りなさい」と叱ってしまいましたが、そこを通りかかった担任の先生が「こんなときはね、那奈に『本当に死ねと思っているの？』って聞いてごらん。そしたら、必ず『違う』って言うから。だって先生、よく死ねと言われるけど、確認するとごめんなさいって言うから……」

担任の先生のことばに救われました。先生は、いつも那奈の思いを汲み取り、「今」できることを考えてくれていました。

相手の気持ちを理解するには、特に相手が感情的なときに受けとめられるかどうかが重要。

（石原良人氏講演会にて）

那奈の〝嫌な音〟は次々と変わっていき、中学生になると夫の咳も嫌がるようになりました。

例えば、夫が咳をすると「うるせーんだよテメー」と舌打ちをしたり、「もう〜！」と大声を張り上げたり、すごい剣幕で怒ったりします。そして、「お父さんの咳こわい、心臓が爆発する」と泣きながら、私に訴えるのです。

その後しばらく経った頃のこと、夫がまた咳をすると、那奈がパチパチ手を叩きだしました。暴言を吐くのではなく、手を叩く音で気を紛らわせているのです。そうやって一生懸命に折り合いをつけているところに夫が一言。

「蚊がいたの？」

わたしには、人の声のトーンがいやでたまらないことがある。そんな時、まばたきすることだけに集中していると、人の声もあたりの物音もいつの間にか遠ざかってゆくのだ。

『自閉症だったわたしへ』（ドナ・ウイリアムズ著、河野万里子訳）

授業参観の日に、私がどうしても行けない代わりに、夫に行ってもらうことにしました。体育の授業だったそうです。夫を見つけた那奈が「お父さん来るな、あっちへ行け」と言いました。そのことばを聞いたクラスの女の子に「那奈のお父さん、ショックでしょ～」と言われたそうです。そこで、夫は「全然ショックじゃないよ、本気で言ってないからね」と伝えたことを知らせてくれました。

。那奈のことばは「那奈語」だからことばどおりにとらない。「○○って言いたかったんだよね」と別のことばで返してあげる。

。言い方を教えてあげる。通訳して教える。これの積み重ね。

サポートセンター　たこ先生

沖縄の行事のひとつに「清明祭《シーミー》」というものがあります。親戚一同が集まって、皆でご先祖様の供養とお墓の掃除をし、その前でご馳走を広げて食べるという風習です。

私たち家族がお墓へ向かう車に、義姉が便乗したことで那奈の暴言が始まりました。

「何で乗ってんだよ。迷惑なんだよ」（小さい声で低く）

前もって義姉が同乗することについて伝えていなかったために発した暴言です。

私は、義姉に謝ることしかできずにいると「自分より、那奈のほうが辛いと思う」と言ってくれました。義姉の思いやりに涙そうそう（涙がこぼれ落ちる）でした。

なぜ暴言を吐くのか？

◦自分への否定的な言葉とわかるとき。

◦自分としては悪気がなく頭に浮かんだことをストレートに言ってしまう。

こんな言葉を口にする傍若無人さとは裏腹に私は非常に恐怖心の強い子どもだった。

『私は発達障害のある心療内科医』（星野仁彦著）より抜粋

。自分を守るための回避行動が暴言となって表れる（回避行動で自分を守る）。
。同調行動が弱いけど仲間ができて楽しいとわかると回避行動はなくなる。

巡回相談員　中村哲雄先生

（※回避行動とは、自分の世界に逃げ、相手の言うことを避ける行動を指します）

どう伝えていいのかわからないから、自分がその場面と気持ちが合うことば使いをするのです。

サポートセンター　小浜ゆかり

那奈の暴言には、とにかくいつも悩まされていました。「暴言さえ言わなければ……」とずっと思っていましたが、今思えば、このときはまだ那奈のすべてを受け入れられずに、表面だけを見ていたのです。

那奈の暴言について毎日のように説教をし、あやまることを教えていました。那奈は自分の気持ちをわかってもらえないため攻撃する一方で、何の解決にもならず、また、同じことの繰り返しでした。

中学生になると、暴言を吐いた後に「あれ？　今、な〜な〜何て言った？」「今、な〜な〜何で怒っているの？」と、自分で確認するようになりました（那奈は自分のことを「な〜な〜」と言います）。そして、「こんなこと言いたくなかった」と泣くときも……。

些細なことでも那奈は大きなストレスを感じ、普通の人が見えないほど小さな汚れや失敗でも泣きじゃくり、自分を責めてしまうほど繊細なのです。

なぜ暴言を吐くのか学んでいくうちに、「こんなこと言いたくなかった。ごめんなさい」と言っている那奈の苦しさが伝わってくるようになり、言いたくもない暴言を止めることもできない辛さも少しずつ想像できるようになっていきました。

あるとき、私の友人に、娘の暴言によって傷つかないのか？　娘のことが嫌いにならないのか？　と聞かれたことがありました。私は「暴言を言わないでほしい」と、思ったことは数えきれないくらいあるが、娘が嫌になったこともなければ、傷ついたこともないと返答しました。

でも、人様に暴言を吐いたときは、心が痛みます。那奈によって傷つけられた人を見ると辛いです。

暴言ごと抱きしめる

特別支援学校の先生をされていたという作家の山元加津子さんは、特別支援学校の子どもたちが辛い思いをしているとき、

「〇〇ちゃん大好き」

と言ってぎゅっと抱きしめて

「大丈夫だよ、怖くないよ」

と言っていたそうです。そうすると、子どもたちは落ち着くのだそうです。

また、自閉症を抱えながら世界的な学者として活躍されているテンプル・グランディンさんは、「抱きしめられると、神経組織を圧倒し海底に引きずりこまれたようになる」と言い、自分の触覚防衛を克服するために「ハグマシーン（締め付け機）」を考案しました。圧迫刺

激をコントロールすることによってリラックスできることを知っていたからです。

那奈のことを少しだけ理解できたとき、受け取り方、感じ方がその子の世界であるならば、私は、那奈のために何ができるのか？　と考えました。そして、いちばん大切なことは、那奈の思いを受け止めて「思いきり抱きしめる」ことなのではないかと思いました。

那奈が暴言を吐いているとき、パニックになっているときは、私はいつも那奈を抱きしめ「大丈夫、大丈夫」と、言いました。

そうすると那奈は落ち着きを戻し、自分の気持ちをわかってもらえたかのように泣きじゃくります。そんな那奈が心から愛おしく、また、那奈の気持ちを少し共有できたように感じられるのです。

暴言ごと受け止めて、抱きしめたとき、何かが大きく変わりました。

愛

叩いてしまう

那奈が小学1、2年生のときのことです。

「那奈さんがイライラしているときに、何か声をかけたお友だちや、時には何もしていないお友だちまで叩くことがあります」と支援の先生から連絡がありました。

例えば、給食を食べ終えた後、親切でお友だちが那奈の机を片付けると、いきなり叩かれたということでした。私はどうすればよいのかわからず、またいろんな方に相談したり、本を読んだりして対処法を探しました。

以下は私が参考にさせていただいた本、『発達障がい児本人の訴え　龍馬くんの6年間Ⅰ・Ⅱ』に載っていた龍馬くんの実例です。抜粋して転載させていただきます。

1、2年生の頃、他の人とどうかかわっていいのかわからず、すぐ叩いたりする。相手の気持ちの事がわからないし、上手く会話ができず、嫌なことを言ってしまう。やりたくてやったわけではないのに僕自身が嫌われてしまう。

「こんなときは、お友達を叩くのではなく○○」とその場に応じたことを1つ1つ具体的に教えていくしかない。(社会スキルを少しずつ覚えていくことができる)

大阪府大阪市立島屋小学校　神谷　祐子

他の子どもを叩いたのを、ただ、(善悪)の物差しだけで見るのは危険である。叩くのを認めるわけではないが、叩かなければならない理由があったはずである。言葉での表現力が弱かったから、叩くことにより龍馬くんなりの意思表示をしたかもしれない。

(中略)

SST(ソーシャルトレーニング)の技術が功を奏するだろう。

SST(ソーシャルトレーニング)とは、対人関係を円滑にするコツ(スキル)を遊び、運動レク、ゲーム、ロールプレイなどのトレーニング(練習)を通して身に付けさせる支援方法です。那奈も小学2年生のときからサポートセンターに通って、SSTを受けました。

叩くのはいけないことだと伝え続けることは大切ですが、やみくもに怒るのは間違ってい

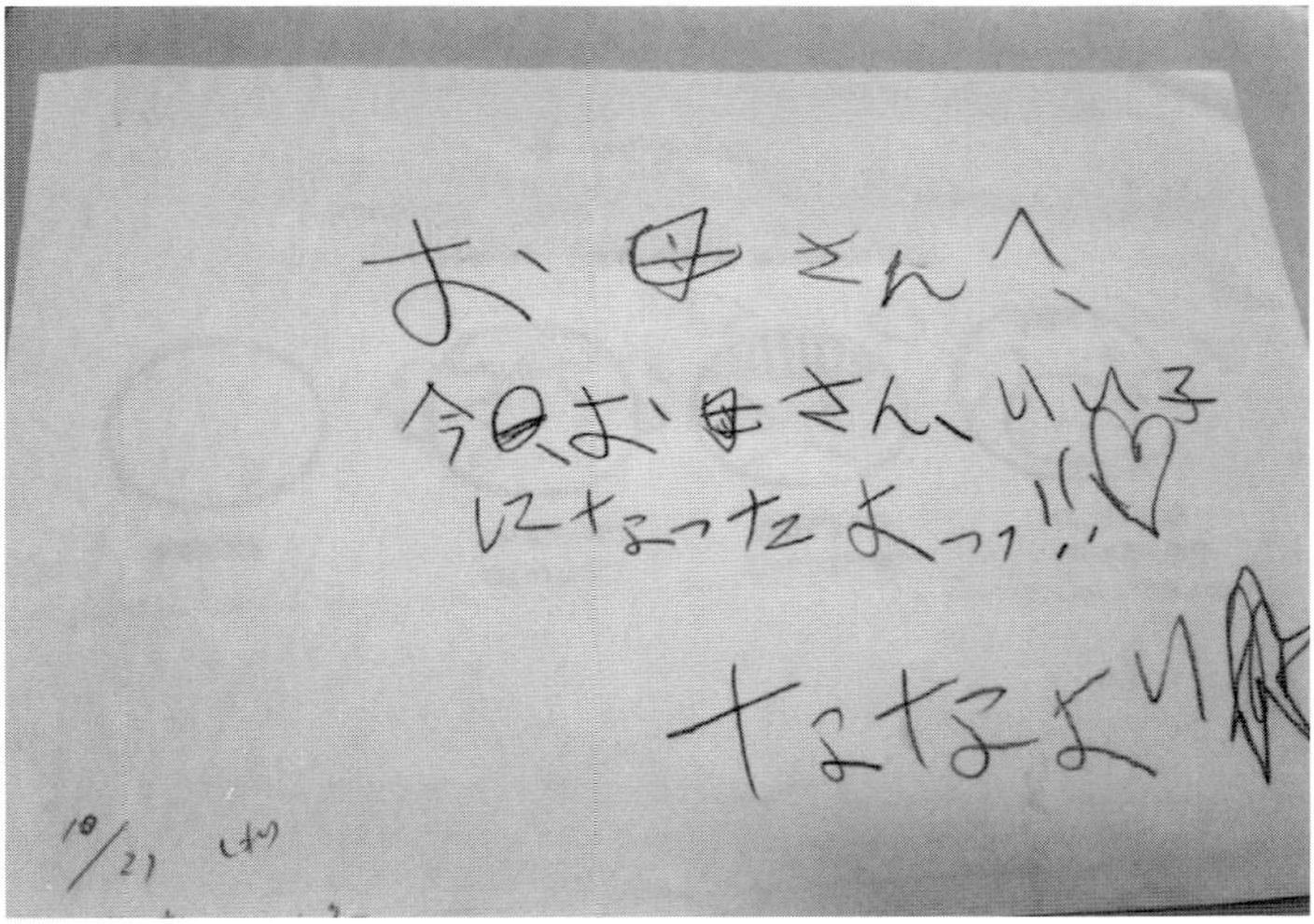

SST を受けたときに書いてきた手紙です。お母さんに褒めてもらいたいんだね。いつも怒ってごめんね。（小学３年生）

ると、私自身、すごく学びになりました。

「叩く」という行為の背景に何があるのか、子どもの行為の一つひとつにさまざまな理由があることを、より一層意識するようになりました。

がまんするトレーニング

那奈が小学校1年生のとき、風邪をひいている長女が食べかけにしていたドーナツを食べようとしたので、「食べたらダメよ」と取り上げました。那奈は大泣きで、説明しても納得することが難しく、手に負えない状態でした。
どうして良いのかわからなくなった私は、たまらずその場から離れました。すると、那奈が私のところへやってきて、手をひいて元の場所へ連れ戻し
「那奈、がまんしてねって言って」
と……娘は、私の先生です。

幼稚園からピアノ教室に通い始めて3年目、ピアノの先生に慣れてきた時期から、那奈は暴言を吐くようになりました。

「那奈ひとりで弾く〜。先生あっち行け」

そして、「邪魔するな〜」と言ったあとに続くのは決まって「バカ〜」ということばでした。

でも、小学3年生になったとき、「邪魔するな〜」と言ったあと「バカ」のことばがなく、しばらく間があり……「がまんできた」と誇らしげに言っていました。


小学校3年生の8月31日、この日の那奈はとても立派でした。その前年の11月から、月刊の少女漫画雑誌『ちゃお』を毎月欠かさず買っていたのですが、学校の帰り道、今日で8月も終わりということに気付いて「あっ！　9月号のちゃお買ってない！」と焦った顔をしていました。

「どうしよう、どうしよう、まだあるかな？」と不安な想いで、いつも通っている本屋さんに入り、9月号のちゃおを探したのですがどこにも見当たりません。店員さんに聞いてみると「売り切れました」と……。

それを聞いた那奈は大パニックを起こし「なんで〜なんで〜」の連発、道中でも大声で「バ

小学３年生の学芸会は合奏でした。リハーサルを見にいくと、那奈は自分の立ち位置から離れ、あちこち歩き回っていました。
その様子をビデオに撮り､家に帰って那奈に見せると｢恥ずかしい｣と言いました。客観的に見せて教えると効果的です。
本番は、歩き回らないように那奈の足形をラミネートして、立ち位置に貼ってみました（那奈は前列の左から８番目です）。
最後まで離れることなく、リコーダーも上手に吹いていました。大成功でした。

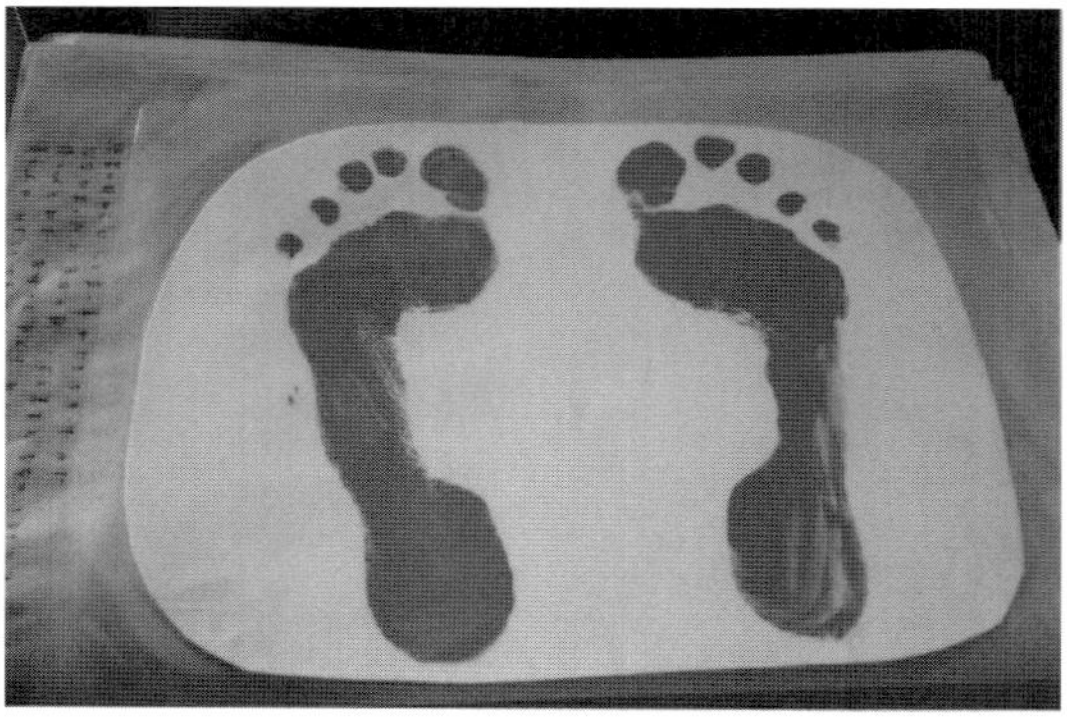

ラミネートした足形

カ～」と大泣きでした。書店に入る前に「売り切れているかもしれないよ」と話していたものの、那奈の感情は爆発し、私は、那奈の気持ちが収まるまで待つことしかできませんでした。

でも、少し落ち着くと「他の本屋さんに聞いてみよう」「9月号のちゃお要らない人がいないか探してみよう」「10月号は予約しよう」と、自分でいろいろ考え始めました。考えながらも「あ～あ～」と思い出しては泣くことを繰り返していましたが、売り切れていたときの、悔しくて辛い想いに一生懸命折り合いをつけようとする那奈の姿はお見事でした。

他の書店に電話したところ、9月号の「ちゃお」があったので夫に買ってきてもらうと、那奈はまるでわが子がいなくなったあと、やっと会えたかのような顔で「ちゃお」を強く抱きしめていました。

4年生に進級すると、全体の支援の先生が女性から男性に代わり、那奈はとても嫌がっていました。例えば、支援の先生が那奈のランドセルを片付けると、暴言を吐いたり、キックしたり……ところが、9月に入ると暴言は少しあったもののキックはせず、「がまんした」と言っている顔は自信に満ちあふれていました。

前述のとおり、中学生になると、夫の咳をすごく嫌がって暴言を吐くようになりました。あるとき、飲み会に行った夫を那奈と一緒に車で迎えに行ったところ、後ろの席に夫と夫の友人が座って楽しく話しているときに、夫の咳が出始めました。

「どうしよう……那奈、大丈夫かなぁ？」と思って横目で確認すると、那奈は静かに黙っていました。車を降りたあとで那奈に、どうして静かにできたのか聞いてみると、「困ると思ったから、がまんした」と言っている顔は、得意げでした。

中学、高校で自分の失敗や突然の変更で、那奈がパニックを起こし暴言を口走りそうになると、クラスの友だちが「那奈、怒らないで」「怒ったら怖いよ、怒らないほうがいいよ」といつも声をかけてくれたそうです。どうして友だちに対しては怒らず、言うことを聞けるのか聞いてみると「那奈のこと、友だちと思って欲しいから」と言っていました。

こんなふうにして那奈は少しずつ、自らがまんすることを覚えていきました。

小学１～６年生まで学校に持っていっていた自由帳。絵を描くことが心の安定剤でした。上から１年生２冊。２年生４冊。３年生 11 冊。４年生 10 冊。５年生 10 冊。６年生 16 冊。

那奈が 11 ヵ月の頃から 16 歳まで描いた絵をスクラップブックにまとめています。全部で 37 冊あります。

ひとりで登校できた日

小学校3年生の2月まで、私はずっと那奈と一緒に登校していました。最初は教室まで…次は靴箱まで…正門まで…そして、学校の近くの信号まで…。ところが、3年生の3月に入ると「那奈、4月から4年生だよね。ひまわり（特別支援学級の1年生）のMちゃんが、那奈姉ちゃんは、ひとりで学校来れないの？と思うから、明日からひとりで学校に行くから」と…。

「少しずつでいいんだよ」と言っても、首を横に振り「ひとりで行く」と言いました。成長を感じた瞬間でした。

初めて、ひとりで登校（小学３年生）

「那奈を追いかけてくる男の子がいて怖い」と言って「おふだ」を作り、学校に持っていきました。自分で解決策を考え、自分で恐怖から守っていました。（小学４年生）

ひとりで帰れた日

小学4年生になると、学校からひとりで帰る練習をはじめました。最初は学校の近くにある本屋さんの前で待ち合わせをしていましたが、誕生日を迎え10歳になった那奈が突然「ひとりで帰る」と言い出し、次の日からひとりで帰ることに……。翌日、那奈の帰宅をそわそわしながら待っていましたが、遅いので心配になって、私は学校へ向かいました。

そのとき、家にいた息子から「那奈が帰宅した」と電話が入り、あわてて自宅へ引き返しました。事情を聞いてみると、友だちと遠回りをして帰ってきたとのこと。それから、しばらくは那奈を迎えに行きましたが、5年生になるとお母さんが迎えに来ると恥ずかしいと言って友だちと一緒に帰ってくるよう

初めて、ひとりで帰宅（小学6年生）

になりました。自分から友だちに「一緒に帰ろう」と声をかけるときもあったようです。6年生になる頃には「今日は誰と帰ってこようかな」と言ってみたり。

5月29日、この日は一緒に帰る友だちがたまたまおらず、ひとりで帰ることになった那奈は「ちかい、ちかい」と自分に言い聞かせながら帰ってきたそうです。

エレベーターにひとりで乗り、廊下をバタバタと走ってドアをトントン叩き、「那奈ひとりで帰ってきた」と満面の笑み。はじめて、ひとりで帰宅。

毎日私が迎えに行っていた頃、どうすれば自分で帰ってこられるようになるか、H2Oの石川さんに相談していました。そのとき受けたアドバイスは、このような内容でした。

。本人にその気がないあいだは難しい。
。踏み出す不安が大きいため、きっかけや動機が必要。
。勇気の充電が必要。

居宅介護事業所H2O　石川美由紀

きょうだいたち

那奈が「自閉症」と診断名をもらった2歳10ヵ月の頃、小学5年生だった長女が「お母さん」という題の作文を書いていました。「私のお母さんは、妹のことで悩んでいます。とても大変そうなので、みんなで助けたいと思いました。」という内容でした。私は胸が熱くなり、ひとりではないことに気づかされました。

那奈が「自分は自閉症なのかも」と気がついたのは小学2年生のときです。私が録画していた『娘は自閉症』というテレビ番組を見つけて、何度も繰り返し観ていました。そして一言、

「ななは、じへいしょうなの?」

自分と同じように耳をふさぐ、画面の中にいる子どもの姿をじっと見つめていました。

ちょうどその頃、高校1年生だった長女は「ことば」ではなく「手紙」で那奈を励まし、応援してくれました。さらには、交換日記もしていました。那奈は文字ではなく絵だけ描いていましたが……。

長女の手紙の内容は、

「ななへ　なな、たくさんないて、たくさんわらっておおきくなれよ（Vサイン）がんばれ　ねえちゃんより」

「なな、たんじょう日まであと9日だね。だから勉強がんばってね」

そんなことが書いてありました。


長男は、那奈に勉強を教えるのが上手でした。私が那奈に勉強を教えていると、必ずと言っていいほど喧嘩になります。だんだん喧嘩がエスカレートしてお手上げ状態になると、助けてくれたのはいつも長男でした。長男が那奈と向き合い、一生懸命勉強を教えている姿を見て、冷静になれなかった自分を責めた記憶があります。

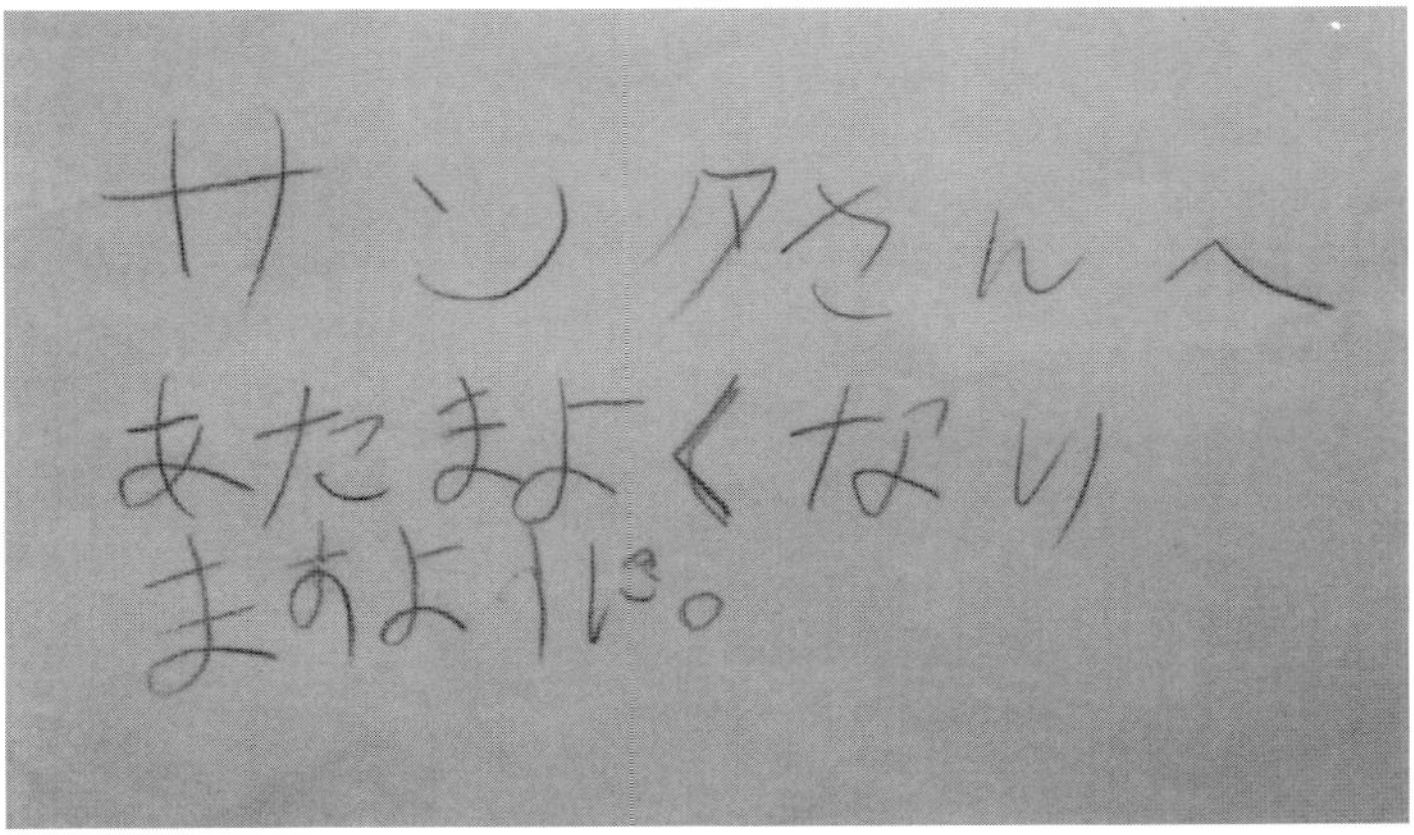

『娘は自閉症』というテレビ番組を繰り返し見て、自分は自閉症だと気づいた２年生の頃、那奈がサンタさんへ書いた手紙。

それから、次男は那奈が一番親しんだ存在です。温厚な次男は那奈に対して一切怒ることがなく、「兄ちゃんに彼女が出来たら嫉妬するからな」と言うほどです。また、多動がある那奈と出かけると決まって走り出すので。そのときは次男の出番です。走るのが速い那奈を追いかけるには、次男を頼るしかありませんでした。

那奈は、家族みんなを成長させてくれました。

那奈が5年生の春休み、私が食器洗いをしているところへ「お母さん、那奈、何ていう障がい?」「姉ちゃん兄ちゃん、那奈が自閉症だったら嫌かな~」「普通に生まれたほうが良かった?」「自閉症は嫌だった?」と聞いてきました。それを長女に話すと「那奈が普通だったら那奈じゃなくなる」と答えてくれたことが嬉しかったことを覚えています。

今のままが一番だね。

夫は、ダジャレが好きでウケないにもかかわらず何度も何度も言っているので、それを見

漢字の宿題がなかなか進まない那奈に、つい怒ってしまいました。ちょうど「短気」という漢字が出てきたので、「すぐ怒る人のことを短気というんだよ」と話すと、この絵を描きました。自分ではそれほど怒っていないつもりでも、那奈にとって私はこんなふうに見えたようです。「短気」という漢字は、スムーズに覚えました。（小学２年生）

かねて私はメモをとっていました。

10年が経つと、書き留めたものだけでも218のダジャレができたので、そのままにしておくのがもったいないと思い、那奈に4コママンガにしてもらいました。4コママンガを描いている那奈の顔は笑みがいっぱいで、描き始めるのには時間がかかりますが、いざ描き出すと5分で仕上げる早業に感心するばかりでした。

ダジャレはつまらないけれど、那奈の絵が楽しいので「楽しさのおすそ分け」と思い、本の後ろに載せてもらいました。

無視されたつらい日々

小学校5年生から仲良くしてくれていた友だちAさんから無視が始まったのは、6年生に進級した4月でした。

「どうして那奈と話してくれないの」

「那奈ひとりだよ」

「友達募集する」

悩んでいた那奈は、毎日このことばの繰り返しでした。

無視された原因は、「那奈に何度注意してもわからないから」とのことでした。

言葉でのコミュニケーション

言葉の意味の理解ができにくいので、抽象的な質問、長い文章などは苦手です。

『自閉症の手引き』（社団法人日本自閉症協会）

見た目は相手のことばを理解しているようでも、実際は理解できていないことが多いので、那奈は大好きな友だちAさんからどうして無視されているのかわからず、すごくつらかったと思います。

那奈はなんとか自分の気持ちに折り合いをつけようと、絵に描いて表現していました。例えば、昔のAさんは那奈のことを心配してくれたけど、今は話してないから顔がわからなくなったと顔を黒く塗りつぶしたり、中学生の女の子がいじめにあっている内容の絵本を描いたりしていました。

大好きな友だちが話をしてくれなくなった、だから「友だちの顔がわからなくなった」と顔を黒く塗りつぶしていました。那奈の頭の中はつらい思い出よりも、よい思い出のほうが残っています。
無視されるのは、つらいね。（小学６年生）

そうやって悩んでいた時期に、修学旅行のグループ決めがありました。女の子のグループは、5、6人体制の3グループに分けられ、好きな子同士のグループ分けに、那奈はとても考えたそうです。「どこのグループに入れてもらうのが自分にとって良いのか」を自分なりに一生懸命考えて、入りたいグループの一人の女の子に抱きつき「大好き、大好き」と言いながら自分をアピールして離しませんでした。そしてやっと、その子が「わかった、わかった、那奈も同じグループにいれるよ」と言ってくれたそうです。

この話は、その子がおしえてくれました。ニコニコ笑いながら話してくれたことが印象に残っています。

修学旅行は楽しかったようで、お願いしていたお土産も買い、自分のお土産にイルカのぬいぐるみとネックレスも買って来ていました。

「生きて行くには勇気が必要」那奈がそう教えてくれているようでした。

無視されて8ヵ月が経ち、「那奈に謝罪文を書かせるため」にAさんの友だちが2、3人家に訪ねてきました。那奈は素直に応じ、謝罪文の書き方を教えてもらいながら書いていました。

Aさんへ

那奈はAさんと仲良くしたいです。だから、これからもちゃんと良い子にします。前みたいに一緒に遊びたいです。なので、仲良くしてください。そして、今までこんなことしてごめんなさい。授業はちゃんと受けます。Aさんが那奈のこと、嫌いになった所を全部直します。なので仲良くしてください。お願いします。

那奈より

その後、Aさんが「もういいよ許すよ」と言ってくれたと、那奈が笑顔でおしえてくれました。その顔が仏様に見えました。

無事に修学旅行から帰ってきました。那奈の顔を見てひと安心です。
お土産も言われたとおりに、ちゃんと買ってきていました。（小学６年生）

普通学級に籍を置かせていた理由

那奈の強い希望により、普通学級に籍を置いて小学校を過ごしていましたが、毎年進級を控えた時期になると「特別支援学級に入らせたほうがよいのではないか」と悩み、そのたびにいろんな先生に相談しました。例えば「普通学級から特別支援学級に移ることはいつでもできるけれど、特別支援学級から普通学級に戻るのはなかなか難しい」「普通学級に籍を置いて、必要な授業だけ特別支援学級で受けるという選択肢がある」といったアドバイスをもらっていましたが、ほとんどの先生ははっきりと「こうしなさい」とは言ってくれませんでした。

決めるのは親ですから、「こうしなさい」と言ってもらえないのは当たり前です。だから私は、那奈を普通学級に通わせながら、常に「このままでいいのか？　先生や子どもたちに迷惑をかけていないのか？」と気にしていました。

そんなとき、ある大学で、発達障がい児のことで悩んでいる保護者が経験者に相談できる会が開催されるという知らせが飛び込んできました。

私は迷わず申込み、悩みを聞いてもらうことができました。その方は、重度の自閉症をも

つ高校3年生の母親でした。その方が出してくれた答えは、
↓先生にあまり気を遣わなくて良い。
↓特別支援学級だと自分の思いを口に出して言うことは難しい。
↓クラスメイトの親からの苦情もなく、本人が嫌だと言わないのであれば、普通学級のほうがずっと自分を伸ばすことができる。例えば、イジメもあり、いろいろな出来事の中で揉まれることにより強くなる。最初から逃げないことが大事。社会に出て、とても役立つ。

これを聞いて私はずいぶん勇気づけられました。そして、普通学級で柔軟な対応ができるように期待しました。

1、2年生の間は那奈に支援の先生を手配してもらえましたが、3年生になると、那奈一人に対して支援の先生がつくことが出来ず、全体を支援する先生になりました(那奈が落ち着いてきたからという理由でした)。私は、不安でしかたありませんでした。娘に支援がつかないなら私が支援につくしかないと思い、先生に相談して那奈と一緒に授業を受けることにしました。その後、中学校で特別支援学級の先生をしていた友人が退職したことを思い出し、その友人にもお願いして支援してもらいました。快く引き受けてくれたことに感謝です。

4年生でも、3年生のときと同じように引き続き私が支援に入っていたのですが、1月になると突然、校長先生から「お母さん、もう学校に来なくてもいいですよ」と……娘の授業が終わり、廊下で校長先生とすれ違うときに言われた言葉です。

私は、一瞬自分の耳を疑い、あわてて聞き返しました。

「どうしてですか？」

校長先生「那奈さんに専属の先生がつきました」

私　「誰ですか？」

校長先生「今、全体の支援についている先生です」

当時、全体の支援についていた先生は男性でしたが、子どもたちからも信頼され優しい先生でしたので、私は思わず「ありがとうございます」と涙がこぼれました。

ところが、突然廊下ですれ違いに言われたことや、支援計画もないことに不信感を抱き、担任の先生、専属になってくれるはずの全体の支援の先生、教頭先生、特別支援学級の先生にも確認をしたところ、誰ひとり「そんな話は聞いていない」ということでした。

「なんてことだろう」

私は、気持ちを切り替えました。かけ算の考え方です。ものごとには4つの考え方があるそうです。－の考え方、÷の考え方、＋の考え方、それから、×の考え方です。
わかりやすいように数字を入れてみると、
10－10＝0　だから答えは、何もない
10÷10＝1　だから答えは、割り切る
10＋10＝20　だから答えは、プラス思考
10×10＝100　だから答えは、それにかけてみる。
ということになるそうです。

4年生に進級し、「私がずっと支援に入っていてもいいのだろうか？」と思っていたところだったので、那奈が自立できるチャンスをくれたのだと考えることにしました。その日から母娘の二人三脚が始まりました。
まず、学校に登校して、最初にやることから順番に書いた紙をラミネートして下敷きのようにして持たせました（那奈と一緒に確認しながら書き、わかりやすいように絵も描かせました）。それから、授業を受けるときは、目標をリスト化したメモ用紙を机に貼っておき、そこに書かれているとおりに出来たら色を付けていくようにしました。教科ごとに板書を

ノートに書くことから始めさせましたが、どれも失敗ばかりで、ノートには何も書かれていませんでした。
私の焦りからでした。今度は、苦手な算数は「めあて」だけを書くようにメモ用紙に書くと、算数の先生に「先生めあて書いた～」と見せにきたそうです。算数の先生がうれしそうに話してくださいました。1月から始めて2月に入った頃でした。

横浜国立大学で、同じ種類の木を植えた林と色々な種類の木を植えた林をつくり、土砂崩れがあったとき、色々な種類の木を植えた林だけは倒れなかったそうです。

神山 忠先生の講演会より

ないものを嘆くな

あるものを活かせ

松下幸之助

突然ですが、「七福神」って、どうして縁起ものなのか、ご存知ですか。

男もいれば女もいる、出身地もインド、日本、中国……とバラバラ。

全然違っている人たちが集まっているのに、みんなニコニコしている。そこが縁起ものの理由なんだそうです。全然違っている人たちが集まっているから、「ご縁」が生まれるのですね。


『Ｈａｐｐｙ名語録』（ひすいこたろう＋よっちゃん著）

中学生だから

中学校への進学となると、これまでと違い色々な悩みが出てきました。

那奈の場合、小学校までは通常学級に籍を置かせてもらいましたが、中学校に進学する際には特別支援学級に籍を置くことを考えていました。しかし諸事情により、最初の1年間は通常学級に籍を置くことになったのです。勉強についていくのもかなり厳しくなってきて、いろいろなことにがまんせざるを得ない日々が続きました。

小学校では、自分の気持ちをコントロールできる自由ノートを持たせていましたが、中学生になった那奈は「中学生だから絵は描かない」と言い、自由ノートは持って行かず、学校から帰宅するなり、何枚もの絵を描きまくる毎日でした。

それから、「全然知らない人が那奈が泣くとビックリするから授業中は静かにする」とか、白米がひどく苦手なのに、給食ではがまんして食べていたようです。

ところが、入学してから1週間が経った頃、とうとうがまんの限界に達し大パニックを起こしました。この日は、小学校までの算数と国語のテストがありましたが、テストの間「解らない解らない」と発しながら廊下に寝転がったり、机をトントン叩いたり動かしたりと、まったくテストを受ける様子がなかったとのことで、校長先生から私に連絡が入りました。「クラスメイトに那奈さんのことを理解させてやってほしい」とのことでした。

私は、那奈のクラスに行って「那奈は自閉症です」と最初に伝えました。小学生のときは、「那奈は苦手な物と得意な物の差が大きい」と伝えましたが……中学生になった今、すぐにクラスメイトに那奈のことを納得してもらうには、自閉症と伝えるのがいちばん早いと思ったからです。それから、娘ががまんの限界でパニックを起こしたこと、自閉症にはどんな特性があるかということを話しました。
那奈は迷惑をかけたことを「ごめんなさい」と謝り、丁寧に頭を下げると、クラスのみなさんから温かい拍手がありました。

この日、帰宅した那奈が
「お母さん、那奈の秘密ばらしたな～」
と怒った顔で言っていました。

自分を隠すことはない。
そのままの那奈が良い。
そのほうが楽。

居宅介護事業所Ｈ２Ｏ　石川美由紀

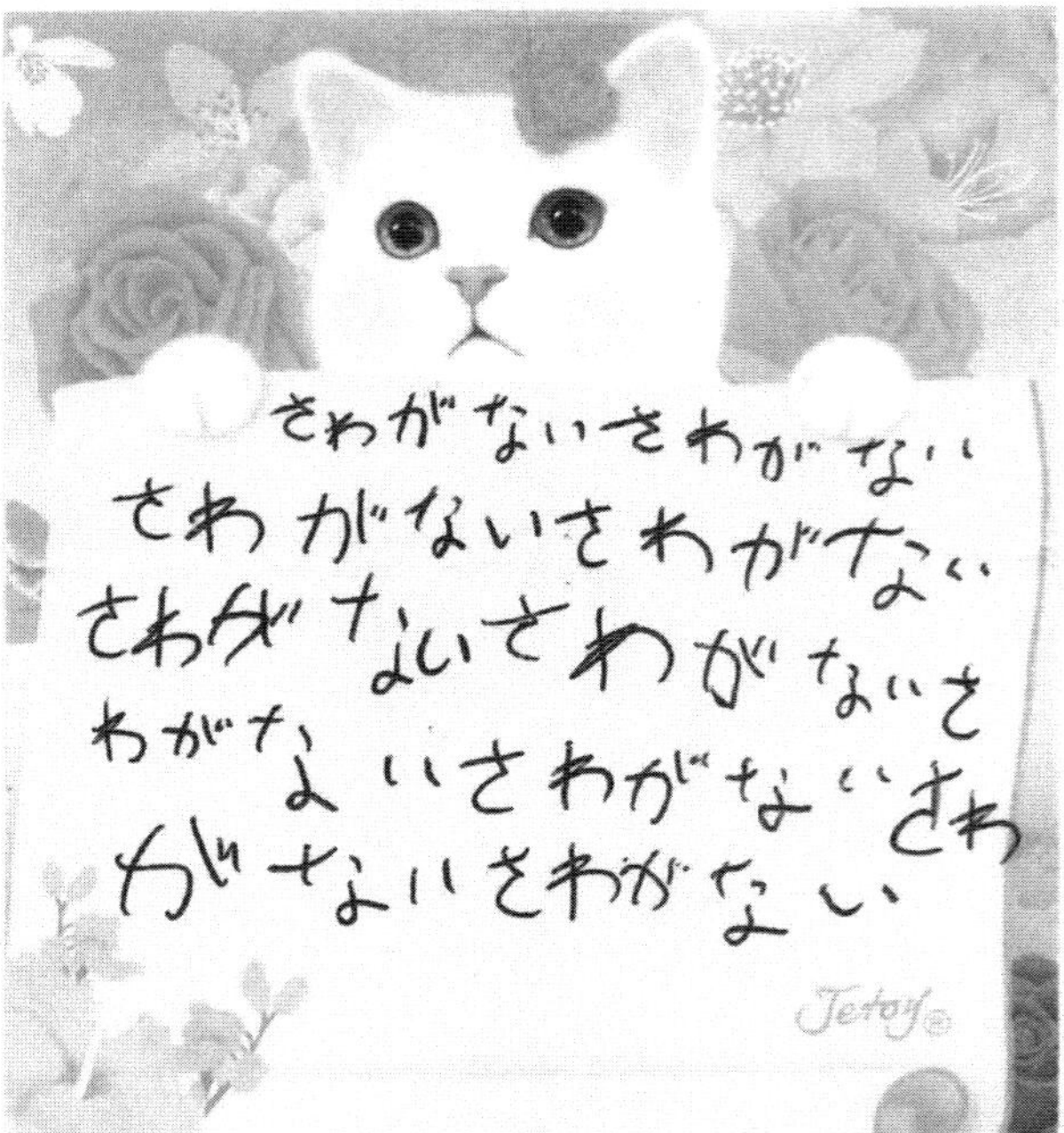

中学校に入学して初めての中間テストと期末テストのとき、こんな紙をふでばこに入れていました。那奈は「迷惑をかけたくない」といつも言っています。テスト中に騒いだらみんなに迷惑をかけてしまう、騒がずにみんなと一緒にテストを受けたいという那奈の気持ち、伝わりました。（中学１年生）

友だちに救われた1年間

通常学級に籍を置いていた中学1年生のときは、授業を受けることなく、毎日毎日絵を描いていました。体育や美術、音楽などは友だちの支えがあり、少しは受けていたようですが……。

通常学級についていけず、不安を感じている私に、担任の先生が「各教科担任連絡帳」というものを用意してくれました。それを聞いたときは、とてもありがたいと感謝しましたが、毎日の連絡には「今日も絵を描いていました」と書いてあるばかりで、私が期待していたものとはほど遠く、正直困っていました。それを助けてくれたのはAさんとBさんの存在でした。

Aさんとはいろいろありましたが、中学生になってからは那奈と親しくしてくれました。毎日一緒に帰宅してくれて、その日1日分の教科ごとのノートをコピーさせてくれたり、Bさんと二人で毎日、その日の出来事を付箋紙で知らせてくれたりしました。

明日の持ち物、提出物、宿題、学校からの連絡事項、テスト範囲、那奈が頑張ったこと等々、細かく丁寧に知らせてくれました。そのおかげで忘れ物もなく、提出物もでき、テスト勉強もスムーズにできました（テストの点数は決して良いとは言えませんが……）。
この1年間、那奈がなんとか過ごせたのは友だちの存在のおかげです。

本人なりのセルフコントロールの方法を承諾、援助していくこと
本人と話し合いながら、「きつくなったら一度教室から出て、自分の落ち着く場所で休む」「自分の好きな本を読む」「落書き帳に絵を描きながら授業を受ける」など、本人なりのセルフコントロールの方法を認めていくことが大切になってくる。

発達支援講座　北九州市立大学　楠　凡之

転校

中学2年生になると、那奈は不登校になりました。
1年生のときに受けたＤＱ（発達指数）検査の結果で、那奈には情緒学級（発達障がいの傾向のある子どもが中心となるクラス）が相当との判定が出たのですが、通っていた中学校

ありがとう

では情緒学級がありませんでした。

特別支援学級にも種類があり、主には、身体的な障がいがある子ども中心のクラス、知的障がいがある子ども中心のクラス、発達障がいの子ども中心のクラスなどがあります。それぞれのクラスが設けられる場合や、まとめて1～2クラスになっている場合、高学年と低学年で分かれている場合、設置していない場合など、各自治体や学校によってさまざまです。

そこで、情緒学級がある中学校を見学させてもらうことにしました。見学させてもらった中学校は新しく、期待していた以上の学校でしたので、那奈は興奮し大喜びでした。

見学して以来、那奈の頭の中は新しい中学校に転入することばかりで、「今の中学校に来年度から情緒学級が新しくできることになった」と知らされても気持ちは揺るがず、結果、2年生に進級してすぐに1ヶ月間の不登校になったわけです。

学校側も私も那奈の気持ちを受け入れて、5月から新しい中学校に転入することにしました。新しい中学校では情緒学級に籍を置き、胸を弾ませて門をくぐりました。

特別支援学級に在籍する生徒は、その子どもの発達レベルに応じ、教科によっては通常学級のクラスに参加します。その通常学級のクラスを「協力学級」と呼びます。

那奈は協力学級で自己紹介するとき、自ら黒板に自分の名前をフルネームで書き、さらには読み仮名までも……そして、「なな」と呼んでください。と小さな声で言いました。どうして自分から黒板に名前を書いたのか聞いてみると、「転入生は黒板に名前を書くらしい」と一言。漫画やテレビの影響を受けていたようです。

情緒学級では、男子生徒が多く女子生徒は先輩のTさん一人でした。T先輩は那奈と相性が良く、那奈と同じく絵を描くことが好きで、いつも笑顔で話しかけてくれました。

新しい中学校でも先生方や友だちに支えられ、おかげ様で快適な学校生活をを送ることができ、あっという間に日々が過ぎていきました。

勉強させる工夫

私がいちばん苦労したのは、那奈に学校の勉強を教えることでした。小学校1年生から中学2年生まで授業を受けずにいつも絵を描いていた那奈は、学校の勉強はすべて家でやるしかありませんでした。

答えが決まっているかけ算九九や、地図帳を見ることは好きでしたが、計算問題となると、かんしゃくを起こし怒鳴り続けて暴言を吐く毎日、なかなか前に進まず、私もお手上げ状態でした。

嫌なことを無理やりさせられるので、那奈は暴言を吐くことしかできず、私には暴言を受け止める覚悟が必要でした。試行錯誤の結果、私自身にとってとても効果的だった方法があります。それは『自閉症のある子どもへの支援ガイドブック』を膝の上に置くことです。那奈がどんな態度をとってもガイドブックを開けて参考になる箇所を探し、支援方法を理解するようにしました。そうすることで冷静になれて、怒ったりせずに対応できたのです。

また、「させられている」状態が苦手な那奈には、自分からやる気を出すスイッチが必要でした。そこで、「馬の鼻先に人参をぶら下げる」ように、那奈の好きなアイスやお菓子を用意して、終わったら食べてもよいということにしました（最初にアイスやお菓子が本当にあるかどうか確認する那奈でした）。

いつになったら終わるのか、見通しができるように、1行できたら〇を塗りつぶすといった工夫をしました。

例えば、漢字を7行書く宿題があるとしたら、紙に「アイスがあるよ」と7文字書き、一漢字の宿題で１行終わると「ア」に色を塗り、２行終わると「イ」に色を塗る…という作業をすることで、７行までスムーズにできます。

目に見えて漢字の宿題が終わるのがわかるので、達成感も味わえます。（小学４年生）

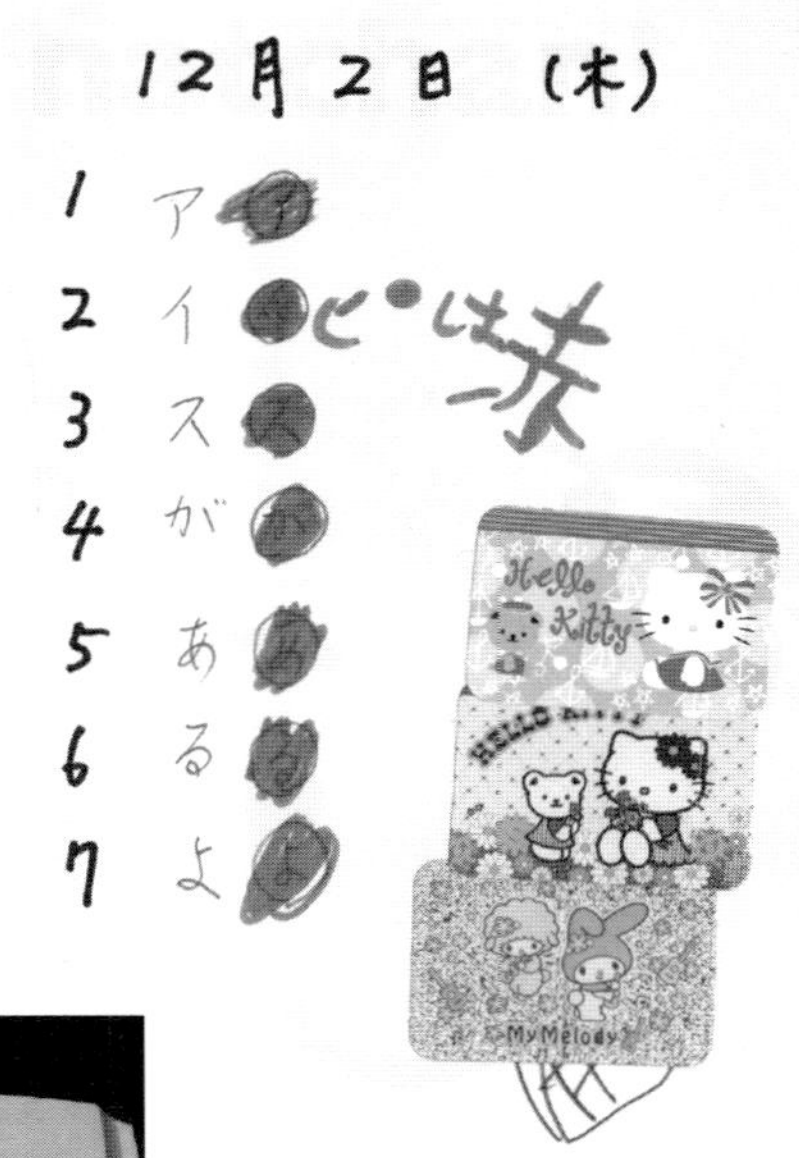

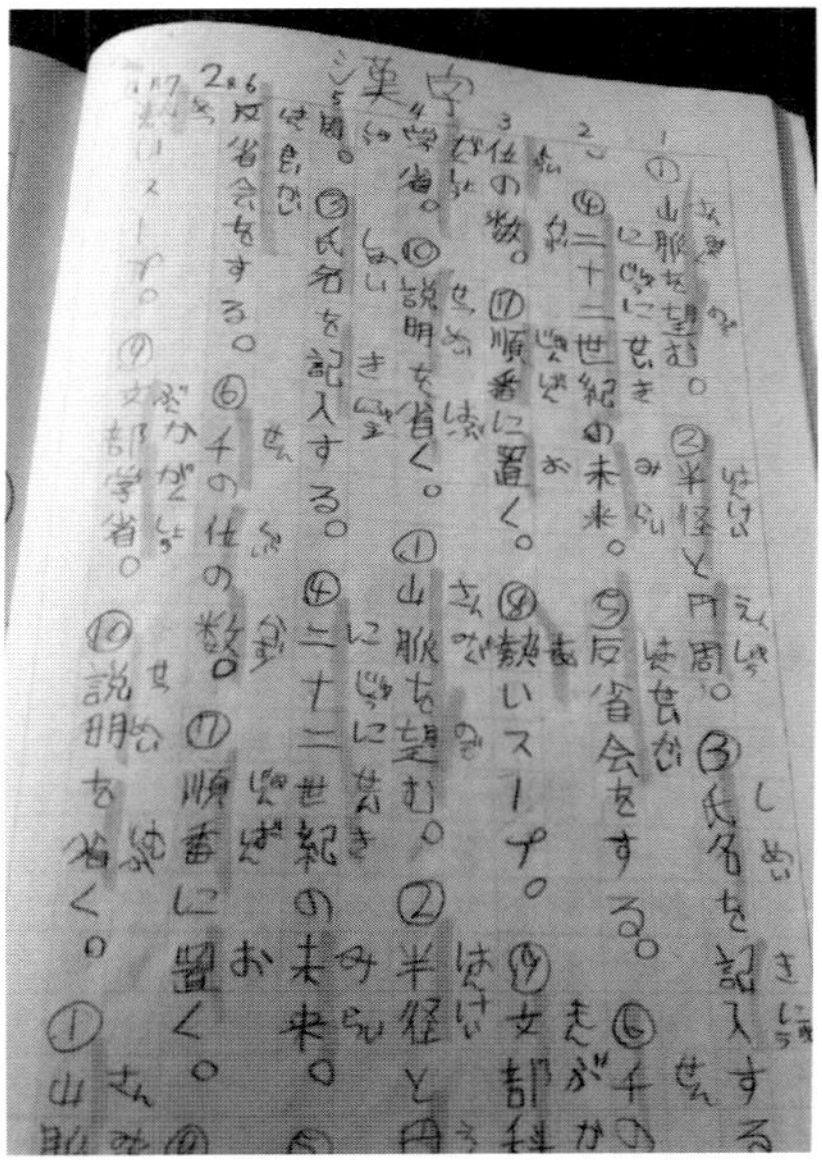

漢字は７行にわけて書いています。

文字一文字○で囲み、1行できるごとに一文字ずつ○を色鉛筆で塗りつぶす作業をさせます。そうすると那奈はニヤリと笑みを浮かべながら、終わりが見えてくるのを楽しみにしていました。最後までやり遂げると、冷凍庫を開け、やっとアイスを手にした顔は、達成感に満ちあふれていました。

それから、たくさんの宿題をさせる場合、見ただけでやる気がなくなるので、できそうなものを一つだけ問題を読み上げます。答えることができると「やってみようかな」の気持ちになるので、そのタイミングで机に誘導しました。

今日は調子が良さそうだと思い、続けて何問もさせるとかえって逆効果だったので、1問できたら休憩、また1問できたら休憩というふうにしました。時間はかかりますが、これでスムーズにできることが多かった覚えがあります。

また、小学生のあいだはクリスマスが近づくと「サンタさんが来るよ。早く宿題しないと」と言うと「は〜い」と素直に聞き入れてくれました。最初は「宿題しないと、サンタさん来ないよ」と言っていましたが、那奈にはそれが通用しませんでした。

「サンタさん来ないよ」のことばが耳に残るようで、「嫌だ〜」「嫌だ〜」の連発になります。「サンタさん来るよ」という肯定的なことばを使うほうが、素直に聞き入れやすいことも那

険しい山を登るには
最初からゆっくり
歩くことが必要だ

シェイクスピア

奈から学びました。

受験勉強

「高校へは行かない」と言っていた那奈が、中学3年生に進級すると「高校に行きたい」と、強く願うようになりました。情緒学級の先輩たちの「全員合格」ということばが心に響いたようです。心が動かないとことばが出ないので、本心で言っているのだということがわかりました。

それからは受験を意識するようになり、「通常学級で勉強したい」と言い出し、積極的に授業に参加して板書もノートに書き写すようになりました。

人とのかかわりを通して、子ども自身が「より良い自分」を選び、自らの意志で変わっていく。「子どもを変える」のではない「子どもが変わる」のである。

東京都立しいの木特別支援学校　佐藤比呂二

本格的に受験勉強に入ったのは1月からですが、一歩一歩近づいてくる高校受験の日を前に那奈は、カレンダーに○印を入れていました。私は、その意気込みに体が震えました。なにしろ那奈が希望した高校は、那奈にとってかなりレベルの高い学校でしたので「落ちる覚悟」というより「やるしかない」という気持ちでした。ある塾講師のことばを借りるなら「ゼロ戦に乗り込む特攻隊」の勢いです。

那奈が高校受験を体験できる喜びを噛みしめながら、二人三脚で受験勉強しました。まず、1年分の過去問を解くために1週間のスケジュールを立てる↓月〜金曜日まで1日に1教科ずつやる↓土、日曜日は弱点や復習、入試のリハーサル。寝る前は、英単語、漢字のカードを使いました。

文章を読解する力が弱い那奈に、勉強を教えるのは忍耐が必要でした。問題文を1行読んでは、理解しているのか？　漢字が読めても意味がわかるのか？　を確認しなくてはなりません。ことばが理解できなければ一緒に辞典を引き、わからなければ図に描いて見せたり、どんどん簡単なことばにしていったり、理解できるまでいろいろな方法を試すのです。

数学はいちばん苦手な科目だったので、内容を分解して一つ一つ教えていきました。自作テストを作らせて自分で解ける楽しさを感じさせ、自信を持たせる。これの繰り返しでした。英語は、意味ごとに区切りを入れ、英文と日本文を見比べて教えました。社会や理科（生物）は好きな科目なのでスムーズにできましたが、国語は、作者が言いたいことを理解するのが難しいので、接続詞を見つけてゲーム感覚で教えていきました。

ときには、やる気が出ない日もあります。私は最初、那奈に向かって「勉強しないと、落ちるよ」ということばを発していました。那奈は「嫌だ～」と言って机に向かっていましたが、あとで私は、自分の発したことばへの後悔と反省で自分を責めました。「人は見たところに向かう習性がある」といいます。途中から「勉強したら、合格するよ」のことばに変えましたが……。

また、気持ちの焦りからでしょうか？　私は胃に炎症を起こし、さらに膀胱炎までも発症してしまいましたが、なんとか最後まで那奈に併走して受験勉強することができました。もちろん、私よりも那奈のほうがよく頑張ったと思います。

いまやらねば
いつできる
わしがやらねば
たれがやる

平櫛田中

「どうして沖縄に雪が降らないんだ」と言って那奈が描いた絵です。雪が見たいと言っていました。（小学６年生）

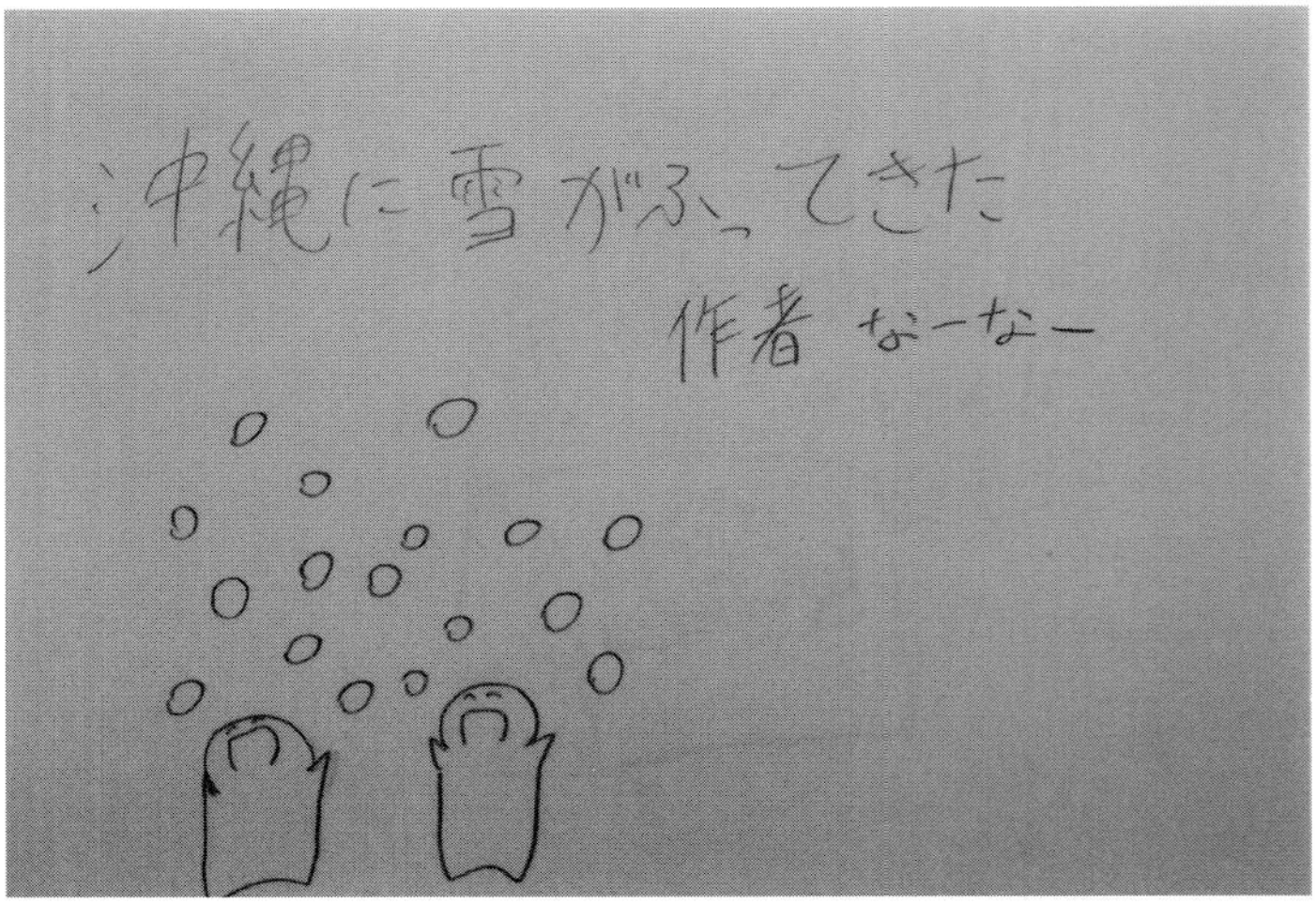

沖縄で初めて雪が観測されました。那奈の願いが叶いました。（中学３年生）

とうとう高校受験

高校入試1日目、国語、理科、英語です。那奈は緊張しながら教室に入っていきました。小雨が降る寒い日でした。

高校入試2日目、社会、数学、そして面接です。雷が鳴り、この日も寒い日でした。

2日間の入試が終わって教室から出てきた那奈は、笑いをこらえるかのように片手で口をふさぎ、満面の笑みを浮かべていました。「どうだった?」と聞いてみると、「みんな埋めた、那奈は絶対合格だと思う。面接も先生が笑っていた」と、やりつくした満足感が漂っていました。

とにかく、高校受験を体験できたことに満足。

残念ながら、第1志望校は落ちてしまいました。那奈は「なんで落ちたんだ〜なんで〜」と大声で叫び、大パニックになりました。私は那奈を抱きしめて「大丈夫、大丈夫」と言うしかありませんでした。

少し気持ちが落ち着くと「お母さん、那奈バカでごめんなさい」と言い、「クラスのみんなごめん」と言っていました。みんなで「合格しようね」と約束していたようです。

入試問題を見てみると、どの教科の問題用紙にも計算や図がいっぱい書かれていました。最後まで諦めず、緊張しながらも一生懸命頑張っていた那奈の様子が汲み取れて「よく頑張った、よく頑張った」と那奈を誇りに思った瞬間でした。

第1志望校には、縁がなかったということで……。

ここがゴールではない

ビディヤ

第2志望校は面接だけでしたが、「片言でしゃべったので落ちた（スムーズに答えることができなかった）。もう落ちたと思う。一つの教室で二人ずつだったので落ち着かなかった。気になった」と言っていましたが、見事に合格しました。第2志望校は普通科のクリエイティブアーツコースで、イラストレーション・まんが表現専攻、写真・映像デザイン専攻、陶芸専攻と那奈が興味あるものばかりでしたので、高校生活に期待が高まりました。

「入試合格」よりも、何倍もの大切なものを見つけた。幸せな記憶。受験は、自分の限界を超える訓練。勉強は、生きていく強さを身につける。

塾講師

高校生活

高校に入学してから「お母さん、いつ那奈のこと話しに来るの？」と毎日のように聞いてきました。小学校のときは、進級した最初の読み聞かせには決まって那奈のクラスに入れてもらい、那奈が苦手なことと得意なことを話していました。高校生になって「早く新しい環境に慣れたい」と思っているからこその発言です。

進学したM高校では、4月に高校生活を充実させるための「宿泊学習」というものがあります。これに参加することも不安だったのでしょう。早速、担任の先生に相談したところ時間を作ってくれたので、クラスメイトのみなさんに那奈の話をすることができました。

まず、「那奈には発達障がいがあります。苦手なことと得意なことがあります。視力の弱い人にはメガネが必要で、足の不自由な人には車椅子が必要なように、発達障がいの人には理解が必要です」という話をしました。入学したばかりで、きっと自分のことで精いっぱいの時期なのに、みなさん素直に耳を傾けて真剣に聞いてくれました。ありがとう。

それもあって、宿泊学習では安心して参加できたようです。宿泊学習を終え、帰宅した那奈が「夜、トイレに行きたくなったので『誰か一緒にトイレへ行ってくれませんか』と言えた。友だちが連れて行ってくれた」と満足気な顔で話してくれました。

小学校3年生のとき、担任の先生から「自分が困ったときには、前に出てお願いしてもいいんだよ」と教わったことをずっとやってきたおかげでした。

また、那奈がいちばん喜んだのは給食がなくなったことでした。白米が苦手なので、小学校、中学校では献立表を見てはため息ばかり。月に1、2回のパン食のときには機嫌よく登校していたのが、ついこの間のように思い出されます。

毎日弁当を持っていくようになった那奈は、昼食の時間だけ許された携帯電話で、私とラインのやり取りをするのが楽しみになりました。最初のやり取りは「今日の弁当は何が入ってる?」から始まります。もし、数分でも返信が遅れると「何で無視しているだよ〜」「弁当が食べられないんだよ」そうなんです！　那奈は、弁当の中に何が入っているのかわからないと開けるのが怖いらしいのです。プレゼントも同じで、中身が見えないと怖いので、誕生日のプレゼントはいつも那奈と一緒に買いに行き、目の前で包装してもらいます。

弁当の話に戻りますが、そうやって毎日弁当の中身を知らせていたのですが、高校3年生になり、18歳の誕生日の日に「今日から弁当の中身、教えなくていいからね」なんて言い出だしました。どうして？　とたずねると「お母さんが面倒くさそうだから」と一言。私への思いやりでしょうか？　那奈は確実に成長しています。

自閉症者のグニラ・ガーランドさんは、「プレゼントをもらうのは嫌ではないが、何が入っているかがわからないので苦痛だった」という意味のことを自伝（『ずっと「普通」になりたかった（A REAL PERSON）』）の中で書いています。

『自閉症のある子どもへの支援ガイドブック』（京都府総合教育センター）

高校の授業では、先生に変な質問をすることも多かったようですが、授業は真面目に受けていたようで板書もしっかりノートに書かれていました。

テストも好きな教科だった社会では百点もとるほどで、小学校、中学校とは違い、成績もぐんと上がっていました。受験勉強で基礎ができていたようです。

社会への巣立ち

高校3年生になると、進学、専門学校、就職と分かれ道があります。那奈は小学校のときからずっと絵を描くことが好きだったので、絵に関する仕事ができたらいいなぁ〜と思っていました。そこでハローワークに就職先を探しに行ったところ、かりゆしウェアを作る会社が目に飛び込んできました。

なぜなら、高校2年生の家庭科の授業で、ミシンで半ズボンを作ったとき、「那奈さんミシンが上手にできていましたよ。かりゆしウェアを作る会社に入ったらどうですか?」と目をキラキラ輝かせて話してくれた支援の先生のことばを思い出したからです。

中学1年生のとき、嫌な気持ちを切り替えるために裁縫道具を取り出して自分の布団カバーが破れている箇所を針で縫い合わせていることが何度かありましたが、家にミシンがなく、那奈がミシンを使うところを見たことがなかったので、上手ということも好きなことも知りませんでした。親だから、娘のすべてを知っていると思っていましたが、さまざまな方向から見てくれる周りの方に改めて学ばされました。

早速、学校側と連絡を取り、かりゆしウェアの会社に見学や体験をさせてもらいました。ミシンを体験している那奈の顔は真剣で、体験を終えて「楽しい」と言った顔には笑顔がありました。

その後、面接もスムーズに終え、ありがたいことに内定ももらいました。

那奈が4月から社会人？ 今でも信じられません。この喜びを少しずつ噛みしめながら皆さんに感謝していきたいと思います。

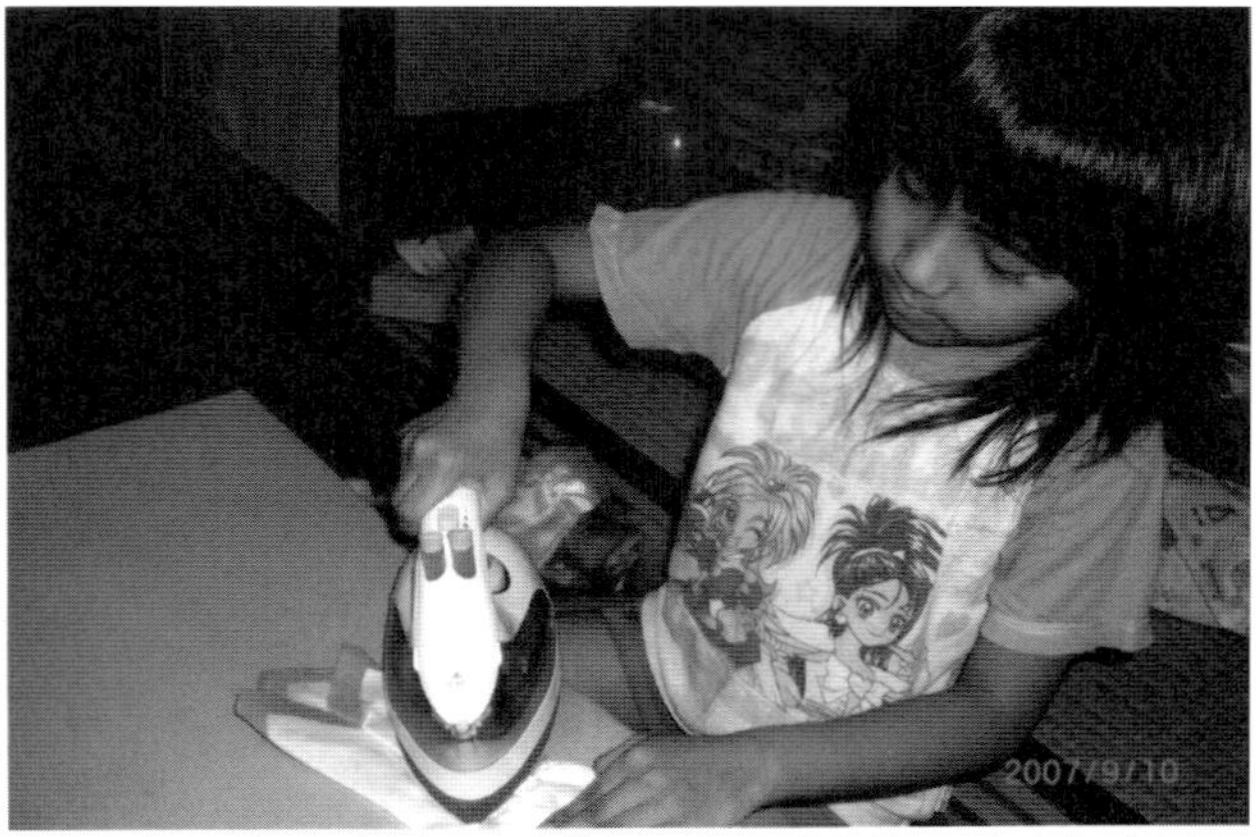

しわになっているプリキュアの服にアイロンをかけ、これからプリキュアに変身しようとしています。この頃からアイロンがけが上手でした（小学１年生の頃）。

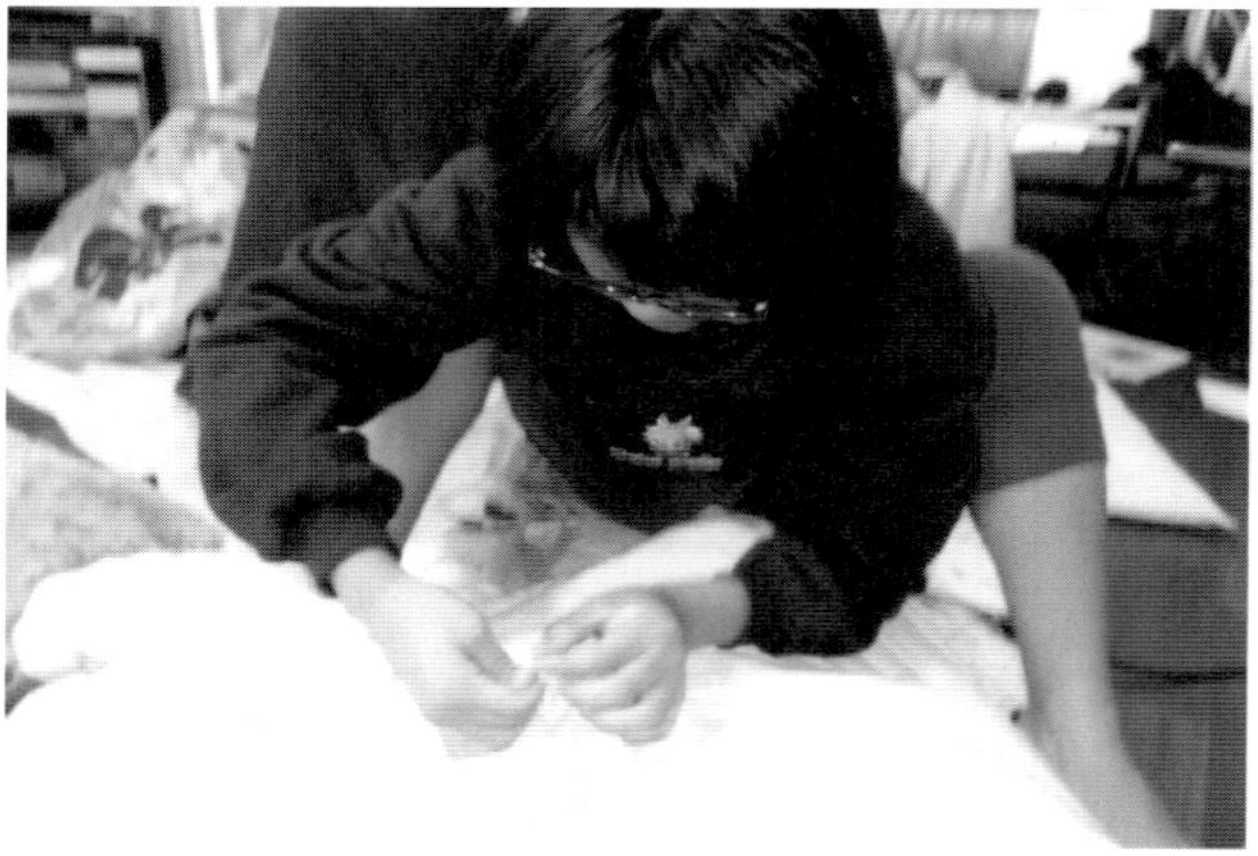

パニックを起こした那奈が、突然裁縫道具を持ち出して、破れている自分の布団のカバーを縫い始めました。心をセルフコントロールしているのです（中学１年生の頃）。
アイロンがけも裁縫も、かりゆしウェアを作る今の仕事につながっています。

日々是好日

おかげ様

小学校1年生のとき、那奈と登校して靴箱まで送ると、そこに同じクラスのK君がいました。私が「Kさん、おはよう」と声をかけると、那奈は右側の片腕がないKさんを見て「どうして、Kさんは手がないの?」と……それを聞いていたKさんは、黙って那奈を見ていました。私は那奈に「Kさんの左手は大きくて、優しくて、暖かい手だよ。ほら、握手してごらん」と言うと、Kさんは静かに左手を差し出し、那奈と握手をしてくれました。そして、そのまま手をつないで教室まで歩いて行った二人のうしろ姿は今でも目に焼き付いています。

9月に入った頃、小学校生活にも慣れてくると、同じクラスの子どもたちが、私に学校での那奈の様子を教えてくれるようになりました。

「今日、那奈すごかったよ。算数の問題、黒板に出ているもの、みんなできたよ」

「今日は、放送嫌がらなかったよ」

「長い間、椅子に座ることができたよ」

みんなが温かい目で那奈のことを見てくれていることが、よく伝わってきました。

那奈が白米を苦手になったのは小学校2年生の頃でした。「味がなく、気持ち悪い」と吐くときもありましたが、小学校4年生になると、クラスの子どもたちが那奈のために色々な工夫をしてくれました。

例えば、給食にマーボー豆腐が出ると、本来ならばご飯とマーボー豆腐は別々に分けて入れますが、那奈だけ、マーボー豆腐はご飯が見えないようにどんぶり風に変えてくれたり（ご飯はマーボー豆腐の下に隠していることも説明してくれます）、白米だけのときには1粒2粒入れて、「とりあえずご飯入れてます」状態にするなど、子どもたちなりの那奈への思いやりがありました。ありがとう。ありがとう。

娘が5年生になり、学校だけでなく家に帰っても一緒に遊んでくれる友だちが5、6人できました。

学校では、休み時間や移動教室になると、お友だちに誘われ楽しい学校生活を送り、家では、誕生日会に招いたり、バレンタインデーが近づくと一緒にチョコを作ったり、駄菓子屋に行ったりと、楽しく過ごす日々が続き「友だちっていいなぁ」と思っていました。

そんなある日、いつものようにお友だちと駄菓子屋に入ってお菓子を選んでいるときのこと、予想もしていなかった出来事に、那奈は恐怖に駆られ大パニックを起こしてしまったようです。それは、店の中に突然、野良犬が入ってきたことでした。

「誰か私を助けて」ということばが出せず、耳をふさぎ「那奈は自閉症だから、那奈は自閉症だから」と叫んでいたそうです。

ちょうどそこへ次男の同級生の女の子２人が駄菓子屋の前を通りかかり、那奈のことに気づいて家まで送ってくれました。

高校に入学してからも、学校のチャイムの音や放送などを苦痛に感じていた那奈ですが、教室で生徒が椅子を引く音にもずいぶん悩まされていたようです。

社会の時間、授業後のファイル提出のとき、那奈がいつも耳をふさぎ、みんなが席に着いた後に持って来ることに気付いた先生が、ある工夫をしてくれました。

他校から使用しないテニスボールを譲ってもらい、そのボールに十字の切り口を入れ、それを生徒一人一人の椅子の脚にはめ込んでくださったのです。那奈だけ、机にもはめ込まれていました。

そうすることで生徒が椅子を引いたときも、大きな音がしなくなりました。聴覚過敏と闘っている那奈にとって、どれだけ苦痛が和らいだかしれません。

私がそのことを知ったのは、那奈が2年生に進級し、三者面談で教室に入ったときでした。教室の中が明るく感じ、レモンイエローのテニスボールに目が行った瞬間、目頭が熱くなったことを思い出します。その感動は那奈も同じだったようで、テニスボールが取りつけられた日の朝、那奈も涙を流していたと先生からお聞きしました。

周りの方々に支えられ、助けてもらい、生かされています。みんな、み～んなおかげ様です。ありがとうございます。

レモンイエローのテニスボールがはめられた教室。

おかげ様

自閉症とは

自閉症ってなんだろう？　那奈が自閉症だと診断されてから必死で本を読んだり、講演会へ足をはこんだりしましたが、決まって「コミュニケーションが苦手」ということを聞かされ、それがなかなか実感として理解できませんでした。そんな中で、私がいちばん腑に落ちたのが「五感が過敏」という特性でした。

「五感が過敏」という特性を那奈に照らし合わせ、納得ができてやっと、自閉症の３つの特徴（社会性の障がい、コミュニケーションの障がい、想像力の障がい）も理解できるようになったのです。

五感が過敏（もしくは鈍感）

●聴覚

・特定の音を好んだり、嫌がったりする。

・すべての物音が同じ音量で聞こえる。

・絶対音感を持っている場合も多い。
・音楽の時間、カラオケなどはその場にいられない人も多い。
・運動会のピストルの音でかんしゃくを起こしてしまう。
・人混みや、混んだレストランなどのざわざわした騒音を嫌がる。

那奈の場合

本文で何度も触れたとおり、那奈は聴覚過敏が強く、日常生活でも大変悩まされています。

●視覚

・特定の色や物だけクローズアップされて見える。
・視力は良くても視野が狭いことがある。
・複雑な漢字に強い興味を示す。

那奈の場合

視野が広く、人とぶつかることがまずありません。例えば、多動のある那奈とスーパーに行くと必ず走り出すので、人とぶつかりそうになり「危ない!」と思うタイミングが多々ありますが、その場をさっとよける早業にいつもひやひやさせられます。

スーパーで走り出す那奈に「走らないよ」と言うと走り出し、「ゆっくり歩いてね」と言うと「は～い」と手まで挙げてゆっくり歩きます。否定ではなく、肯定のことばで素直に聞き入れます。

●**味覚**

・微妙な味の違いが判断できる。
・特定の触感の物は食べられないことがある。
・酸味は舌が焼けそうに感じる。生のレタスは突き刺さるように痛いなど。
・多くの人が美味しいと感じる味を、とてつもなく変な味に感じる。

那奈の場合

小学校2年生の頃から白米が苦手になりました。「味がなく気持ち悪い」と吐くこともあります。

●**臭覚**

・強く感じる場合と、まったく感じない場合がある。

・特定の香りを好んだり嫌がったりする。
・残った匂いで人を判断できる。
・学校などのトイレが使えない。
・特定の香水をつけた人を嫌がる。

那奈の場合

梅干しが苦手で、梅干しの種までも「嫌な匂い」と言います。また、線香の匂いも苦手で、祖母の家に行くとお線香を自らあげるものの、すぐに帰りたがります。アロマの柑橘系の香りを好み、機嫌が悪いときはよく嗅がせていました。

●触覚

・特定の感触を好む。
・ちょっと触れただけでも痛がる。
・反対に痛みがわからない。
・いつも同じ服を着たがる。
・ツルツルとした表面が滑らかな物を触ったり、ぬいぐるみ等の感触が好き。

・他人に触れられることや抱きしめられることを嫌がる。

那奈の場合

スナックのお菓子を食べるときは、手で触るのが嫌なのでお箸で食べます。また、雨の日は嫌がり、濡れるとベトベトで気持ち悪いと言います。ツルツル感やモフモフ感を好み、部屋にはぬいぐるみがたくさんあります。

自閉症の3つの特徴

①社会性の障がい

・他人と関わろうとしない、または他人との関わり方が独特。
・人との関係性を育てるのが苦手。
・他人に共感することが難しく、場面に合わせて動くこと（空気を読むこと）が苦手。
・自分の思いどおりに周囲が動いてくれないとかんしゃくを起こしたりする。

那奈の場合

百円均一のお店で買い物をした際、那奈に支払いをさせると「この、ふとっている人に？」と言い、私が友だちと話しているときには「お母さん、なんで顔の丸い人と話しているの？」と言い、次から次へと油断できない日々でした。

保育園に通っている頃は人に関心はなかったものの、小学校に入学してからは、友だちが大好きになりました。人と共感することが難しく、みんなが笑うと那奈も後から笑い出すことが今も続いています。高度の笑いは難しく、みんなに合わせて笑っているのだと思います。

一見わかっているように見えても、周囲の状況や指示の一部に反応していることが多いのです。

『自閉症のある子どもへの支援ガイドブック』（京都府総合教育センター）

② コミュニケーションの障がい

・相手の意志を理解することが難しい。
・自分の意志を適切な表現で伝えることができない。
・身振りや表情などの意味がわかりにくい。
・他人との意志のやりとりが苦手。

那奈の場合

絵を描くことが好きなので、自分の気持ちを伝える手段として絵に描いて伝えていました。例えば、何か探し物をしているときや買いたい物など。

また、どこかに出かけるときは、いつも表情カードを持って出かけました。たくさんのカードの中から、怖い、不安、嬉しいの3枚のカードを自分で選んでいました。

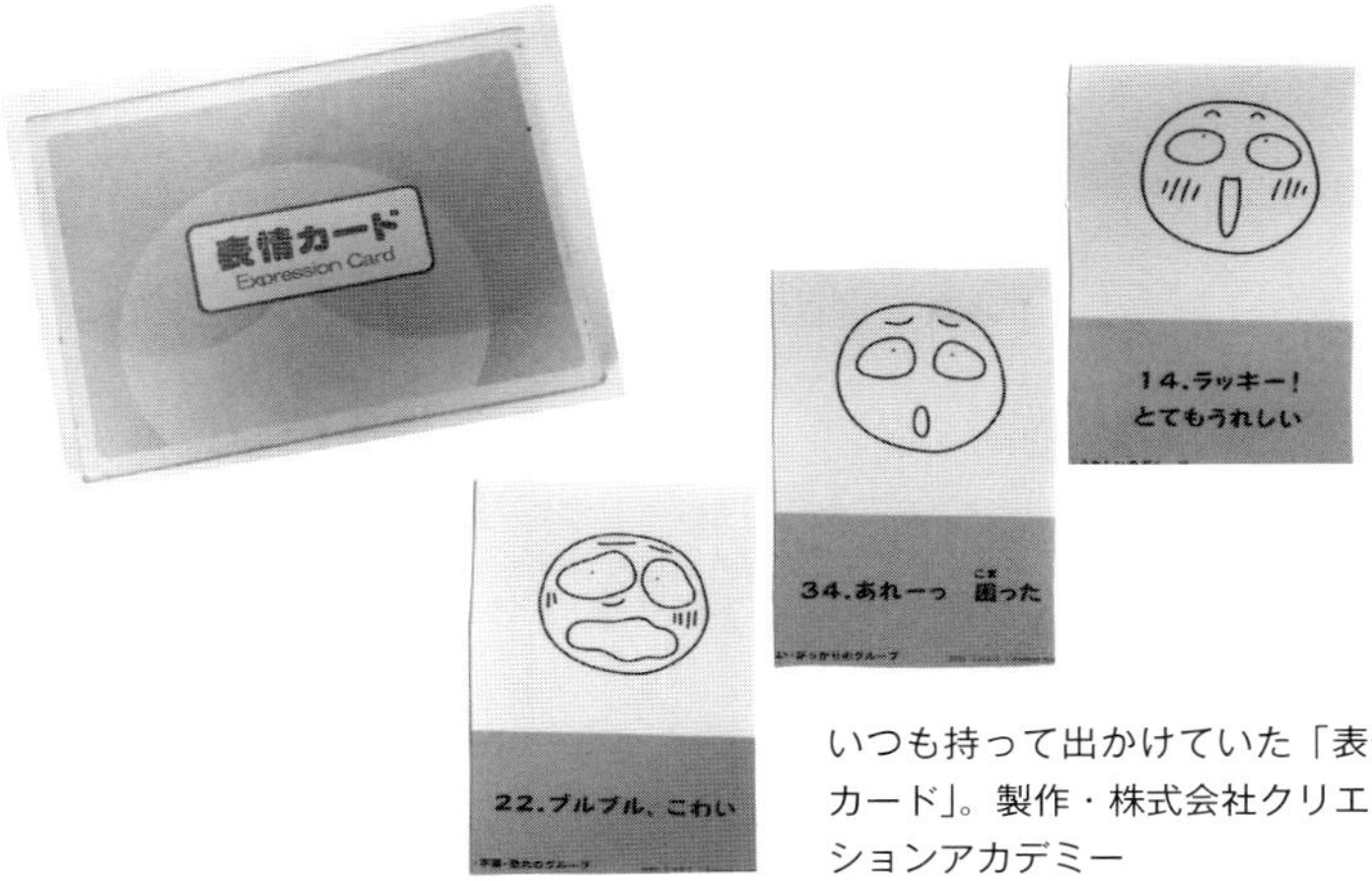

いつも持って出かけていた「表情カード」。製作・株式会社クリエーションアカデミー

コミュニケーションのとり方
あいまいで抽象的な表現はさけ、具体的にいう。「早めにやっておいて」「やってくれると助かるんだけど」など、あいまいで抽象的な表現は、発達障がいの人にはわかりにくい。明確で具体的な表現をする。

私は発達障がいのある心療内科医　星野　仁彦

③ 想像力の障がい

・目に見えないものや未経験のことに強い不安を持つ。
・急な変化があると見通しが立てられなくて戸惑う。
・特定のものや行動への強いこだわりがある。

那奈の場合

何をするときも、前もって知らせると安心していました。例えば、病院に行くときは、診察券のカードを見せて説明します。学校では、避難訓練や時間割変更などについてしっかり知らせるようにしていました。

その他の特性

●ことば

・ことばの使い始めが遅く、話をしても会話がかみ合わない。
・ことばを使う意味が理解できない。
・相手によって、ことばを使い分けることができない。

那奈の場合

親戚の家に行って、食べ物を勧められると「お断りします」と言ったり、自分が美味しいと感じると「非常にうまい」と言ったり、ことばの使い方が少しずれています。

言葉の使い分けが苦手。乱暴な言葉を使うが全体は丁寧語でしゃべるので、まわりは非常に違和感がある。しかし本人は気にしていない。「そんなことをしたらテーヘンジャネエカと思うから僕はしません」

『アスペルガー症候群を知っていますか?』(社団法人日本自閉症協会東京都支部)

●暴言

・思ったことがそのままことばに出てしまう。
・自分への否定的なことばとわかるときや、恐怖を感じたときに出やすい。
・自分を守るための回避行動。

那奈の場合

日常生活では多かれ少なかれ、常に暴言を吐いています。

●からだ

・運動能力が低い場合が多い。
・自分の身体を使うことが下手。
・動きがぎこちない。
・指先は器用なのに、道具をうまく使えない。
・姿勢を保てない。体温調整がうまくできない。

那奈の場合

体温調整がうまくできず、暑さを人の3倍くらい感じるので、エアコンがなかった小学校では苦痛を感じパニックを起こすときもありました。特に、夏休み前がいちばん辛い時期でした。暑い季節には「保冷剤マフラー」を使っていました（担任の先生の名案です）。

●空間認識

・自分のボディイメージがつかみにくい。
・他人やモノとの距離を適切にとることが苦手。

整理整頓が苦手。

那奈の場合

近くにいるのに大きな声で話しかけてきたり、「那奈の鼻はどんなふうになってる？」と聞いてきたりし

真夏になると学校でも家でも「保冷剤マフラー」を巻いて首もとを冷やします。

ます。

●失敗したくない

・自分の思いどおりにならないとかんしゃくを起こしたりする。

・完璧でないと許せない。

那奈の場合

かけっこが一番でないと泣いたり、漢字のテストが百点満点でなかったとか、鉛筆が尖っていない、体育の時間ドッチボールでボールが当たった、などでよく怒ったり泣いたりしていました。

質問の答えが自分が思っているものと違えば、かんしゃくを起こして何度でも同じ質問を繰り返し、同じであれば安堵の表情をします。

> 「完璧主義である」「間違いを許さない」ということは、「正しいことをしなければならない」という不安や緊張の裏返しです。
>
> 『自閉症のある子どもへの支援ガイドブック』(京都府総合教育センター)

自閉症児は「プライドが高い」「完全主義者」と評されることがある。私はこう言い換えている。より良い自分になりたい強い願いを持っているが、それでいて些細な失敗でも自分を責める繊細な子。（埼玉大学教授　清水寛氏）

「自閉症児と授業づくり」（佐藤比呂二著）

支配力　（一番になりたいエネルギー）

不安傾向を原因としていると考えられる。勝つことによって不安を除去したい防衛反応と言える。

『発達障がい児本人の訴え』（平山　諭著）

●パニックを起こす

パニックを起こす前には予兆があります。

・聴覚過敏の問題から大きな声や身体接触などに強い侵入感や不快な情動が喚起されたとき。
・ある出来事や場面が過去の不快な体験のフラッシュバックを引き起こしたとき。
・学習、生活面で自分の「見通し」がまったく持てない場面に置かれて、強い不安、恐怖に駆られたとき（できないんじゃないかという不安）。
・自分自身の「つもり」を無視されて、特定の活動を強いられているにもかかわらず、その時には「いや」という言葉が言えず他者の意志に従属して、過度のストレスを抱え込んでしまったとき。

（北九州市立大学　楠 凡之先生）

那奈の場合

那奈はパニックになることを「発狂する」と表現します。自分が何をするかわからない恐怖があるのかもしれません。おびえて泣いたり、暴言を吐くという行為につながったりします。

●時間

・時間の把握をすることが苦手。
・時系列に沿って見通しを立てることが難しい。
・ちょっとしたきっかけでフラッシュバック（以前の嫌なことを今その場にいるように思い出す）することがある。

那奈の場合

よくフラッシュバックを起こし、「那奈の絵が上手じゃないと言われた、もう許さない！」と突然泣くこともあります。嫌なことを言われたのが数ヶ月前、数年前のことであっても、那奈の中ではつい最近言われたことと同列に感じるようです。

自閉症の人は、不適切な行動や反抗的な態度をとることがあります。それは、すべて「わからない」ためで、わがままや悪意のあるものとは違います。彼らにとってこの社会の中で暮らすことは、言葉もあまり通じない、常識も異なる外国に一人で暮らしているようなものです。日本語の上手な外国人と話しているように、穏やかな態度で接してあげてください。

『自閉症ってなんだろう?』(沖縄自閉症児者親の会まいわーるど)

最後に

「子どもを一人育てるには20人以上の大人が必要」といいます。

那奈が「自閉症」と診断名をもらったときから、ずっと走り続けてきました。私が転ばぬように、たくさんの方が支えてくれました。励ましのことばや優しさ、思いやり、私が困っているときには一緒に考えてくれたり、アドバイスをくれたり、数え切れないほどの勇気をもらいました。保育園の先生、巡回指導の先生、心療内科の先生、大学の先生、ガイドヘルパーの支援の先生、サポートセンターの支援の先生、学校の先生、学校の支援の先生、友人、それから、那奈のお友だち。もちろん家族も入りますが、那奈がここまで成長できたのはすべてみなさんのおかげ様です。この恩は決して忘れることはありません。那奈が立派な社会人になってくれることを願うばかりです。

那奈が小学校2年生の頃からです。私が困った顔をしていると

「お母さん笑って、もっともっと笑って」

那奈のことばが飛び込んできます。そして、両手に握りこぶしを作り左右に振りながら、思いっ切りの笑顔を私に見せてくれます。私が笑うと、心のわだかまりが消えたような、ま

るで喧嘩して仲直りできた瞬間のような、極上の笑顔をしてくれる娘です。

本人もまた、自分に言い聞かせています。「怒るより、笑ったほうが楽だ」と怒った後に声を出して笑っています。「笑うことで楽になれる」これは那奈から教わったことです。怖い顔をしていると、誰も近づきたくないからね（笑）

「嫌なことは笑いに変えればいい」 by 那奈

娘が自閉症ということで、これまでの成長記録をもとに書き綴りましたが、「娘を育てる」というよりも、むしろ私自身が娘に育てられてきました。

私が娘から学んだことを一言で言うならば、「生きていることは素晴らしい」ということばが当てはまるように思います。那奈が末娘として生まれたばかりの頃、何もかもが思いどおりになっていく喜びを表現した「生きていることは素晴らしい」という感覚とは、同じことばではありますが、ずいぶん違う感情です。

心が折れそうなとき、名言にも助けられました。ここまで支えてくれたみなさんにも感謝の気持ちでいっぱいです。少しでも本書の内容がみなさんと共感でき、お役に立てれば幸せに存じます。

人を憎んだり、恨んだりせず、けなげな娘が愛おしく思います。

「この子が生まれてきてくれて、本当によかった」

あらがき さより

笑門来福

これで
いいのだ

バカボンのパパ

参考文献

『こころをラクに あたまをクリアに』大林 泉（ぶどう社）
『自閉症ってなんだろう？』沖縄自閉症児者親の会まいわーるど（沖縄県自閉症協会）
『自閉症の手引き』一般社団法人日本自閉症協会
「アスペルガー症候群を知っていますか？」社団法人日本自閉症協会東京都支部
『自閉症のある子どもへの支援ガイドブック』京都府総合教育センター
「自閉症児と授業づくり」東京都立しいの木特別支援学校　佐藤比呂二
「9、10歳の発達の節目を豊かに乗り越える力を」北九州市立大学　楠 凡之
『私は発達障害のある心療内科医』星野仁彦（マキノ出版）
『手をつなげば、あたたかい。』山元加津子（サンマーク出版）
『自閉症だった私へ』ドナ・ウイリアムズ　河野万里子訳（新潮文庫）
『我、自閉症に生まれて』テンプル・グランディン&マーガレット・M・スカリアーノ　カニングハム久子訳（学研）
『発達障がい児本人の訴え　龍馬くんの6年間（II・逐条解説編）』平山 諭（東京教育技術研究所）
『発達障がい児本人の訴え　龍馬くんの6年間（I・TOSS編）』向山洋一監修／向山一門編著（東京教育技術研究所）
『幼児絵画制作教育法』桑原 実・林 健造・豊田勝秋・松本 巌編（東京書籍）
『幼児の心理』波多野勤子（光文社）
『保育入門シリーズ第8巻　乳幼児の言語指導』横山正幸編
『保育所の0・1・2歳児保育』内藤壽七郎監修・著（川島書店）
『さくらんぼ坊やの世界』山崎定人・斎藤公子（旬報社）
『Happy名語録』ひすいこたろう+よっちゃん（王様文庫）

<著者紹介>

あらがき　さより

1963 年生まれ。沖縄女子短期大学卒業。４年間の保育士を経て、文化書道学会の師範として書道教室を開くかたわら、小・中学校の読み聞かせボランティアに参加している。自閉症の末娘・那奈の暴言に悩みながら、４人の子どもを育てる。沖縄県在住。

クソババァごめんなさい　暴言の強い自閉症児の子育て 18 年

2019 年 12 月 21 日　初版第 1 刷発行
2020 年　3 月　4 日　　　第 2 刷発行

著　者　　あらがき さより
マンガ　　あらがき ナナ
ダジャレ考案　あらがき スー（父）

発行人　　浦谷さおり
発行所　　金木犀舎
〒 670-0935　兵庫県姫路市北条口 1 丁目 9 久宝寺ビル 2F
電話 079-229-3457　FAX 079-229-3458
https://www.kinmokuseibooks.com/

印刷製本　精文堂印刷株式会社

ISBN 978-4-909095-03-9　C0037

うぅたいのーし

（お茶でものんで少し休んでください）

作・あらがき ナナ
ダジャレ考案・あらがき スー（父）

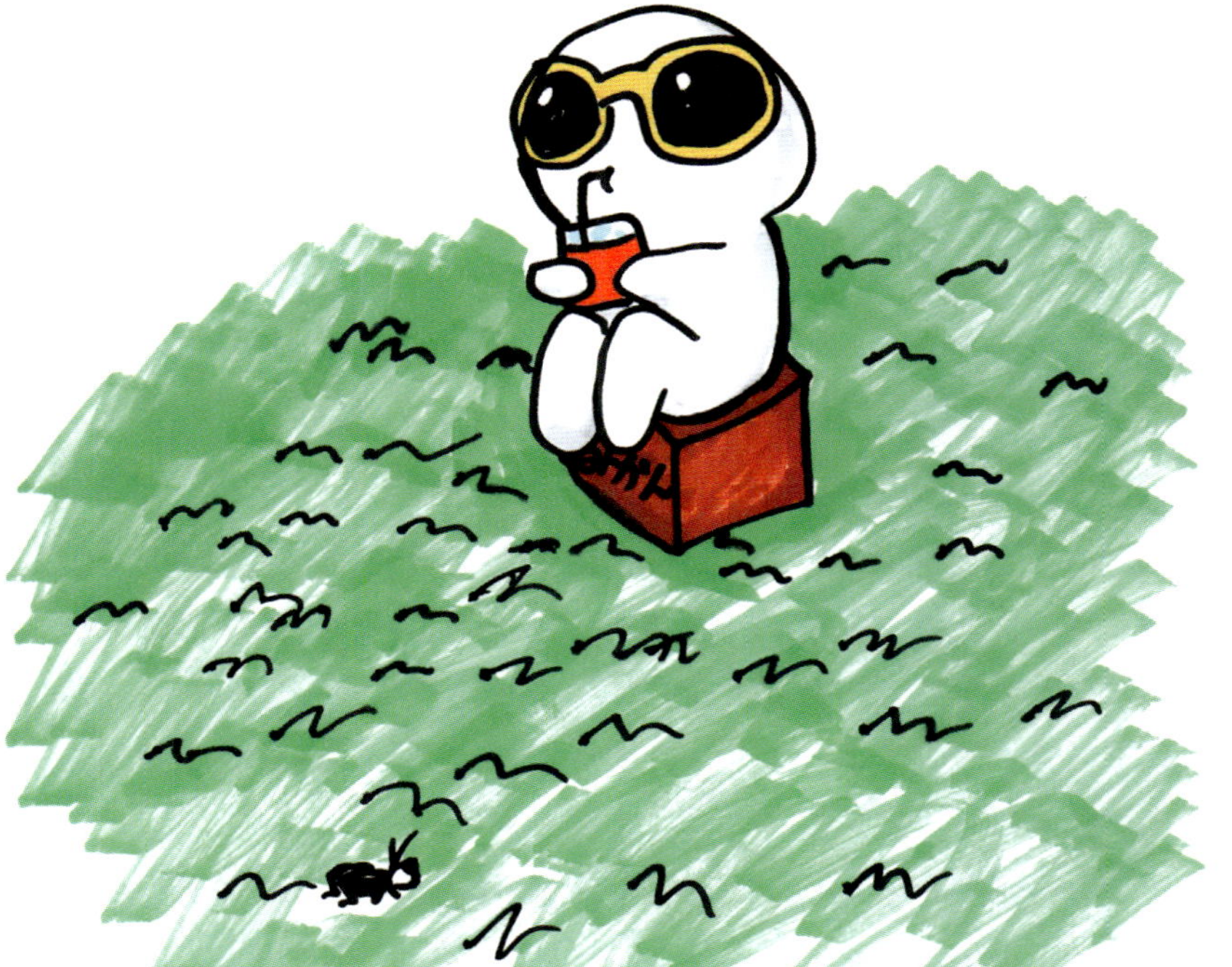

ゴマ

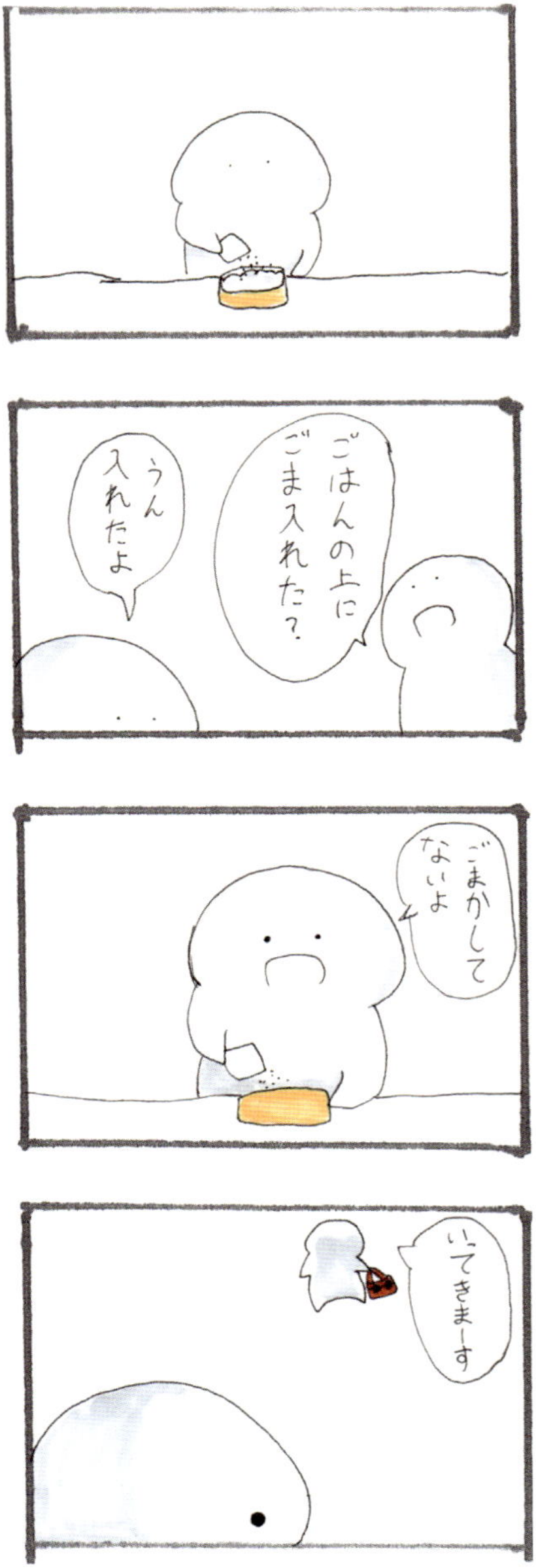
ごはんの上にごま入れた？
うん入れたよ
ごまかしてないよ
いってきまーす

ハエ

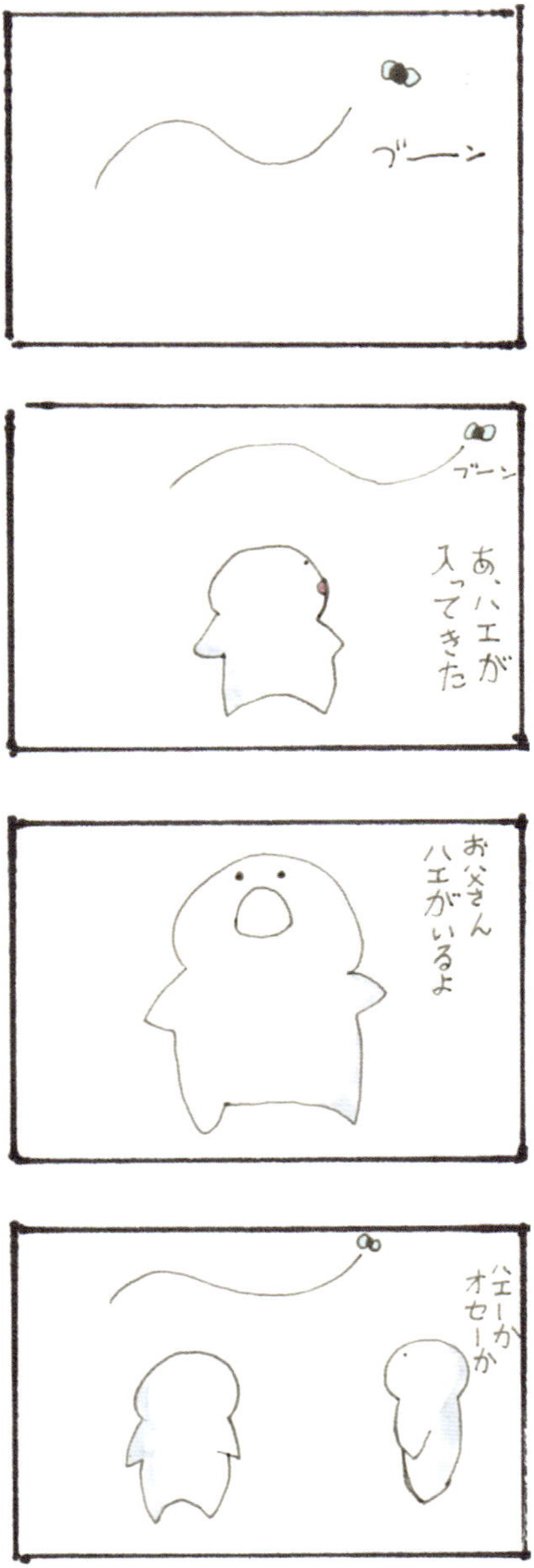
ブーン
ブーン
あ、ハエが入ってきた
お父さんハエがいるよ
ハエーかオセーか

あたりめ
昨日あたりめ食べたの？
あ・た・り・め・ーよ
ガァーン
テメエーかよ!!!

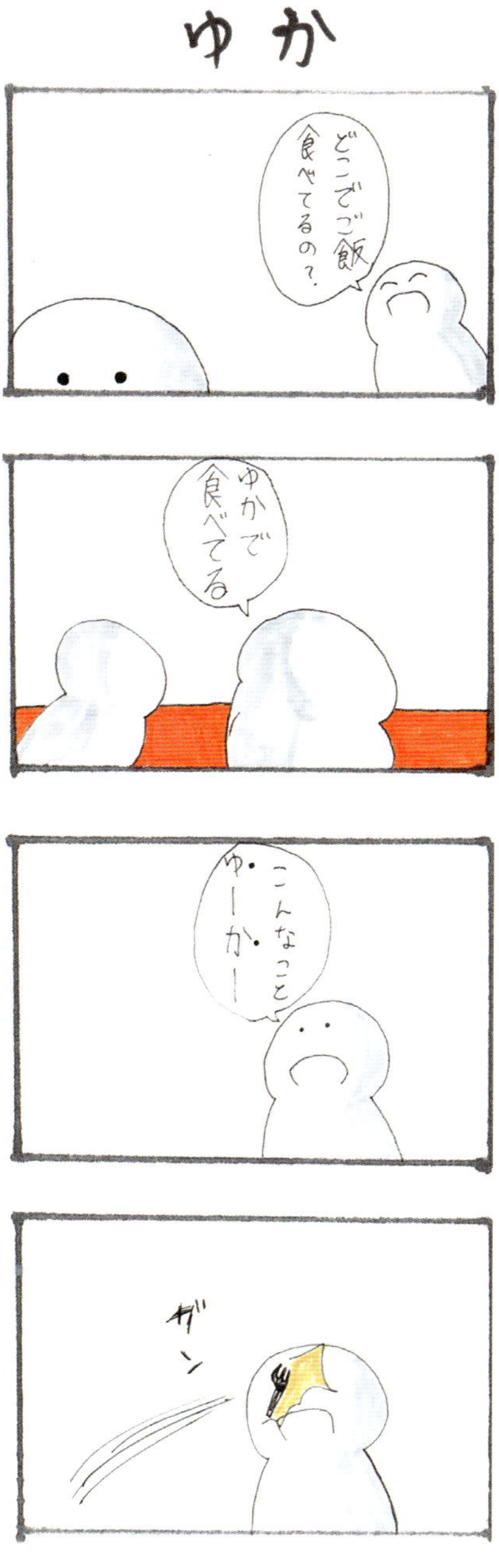

ゆか
どこでご飯食べてるの？
ゆかで食べてる
こんなこと ゆ・ー・か・ー
ガーン

きゅうり

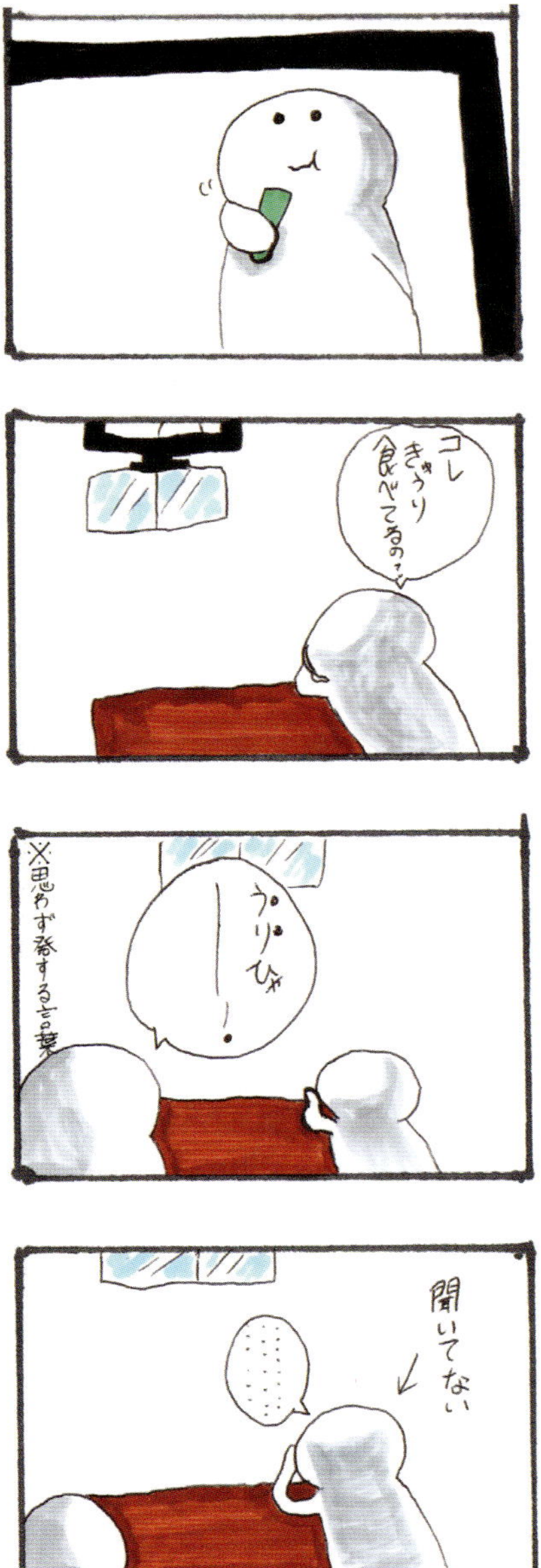
コレ きゅうり 食べてるの？
※思わず発する言葉
うりひゃー！
……
聞いてない

内地の人

※内地の人
宮里って ないちゃーね？
うーん
そんなこと ないちゃー
……

ハサミ

くさや

おこわ

テレビでおこわを見ました
このおこわにはひみつがある
おーこわ

えほん

これにしよ
やっぱ！指切れた！
絵本でっ！
チッ
えーほんと？

省エネ

あつい夏
あついからクーラーつけたら?
省エネだからつけない
しょーねー?

スイカ

今年●はじめてのスイカ
ムシャムシャ
……
食べやすいか?
もしゃもしゃ
ピラーン

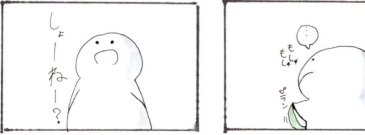

ぶり
はい 弁当
弁当に入ってたぶりおいしかった?
ひさしぶりにおいしかった
は?
やま
山すごいねー
おやまぁー
しーーーん

高校生

高等学校入学式
高校生なったんだなぁ
高校生なったら
親こうこうせい！
ぞわっ

スギの木

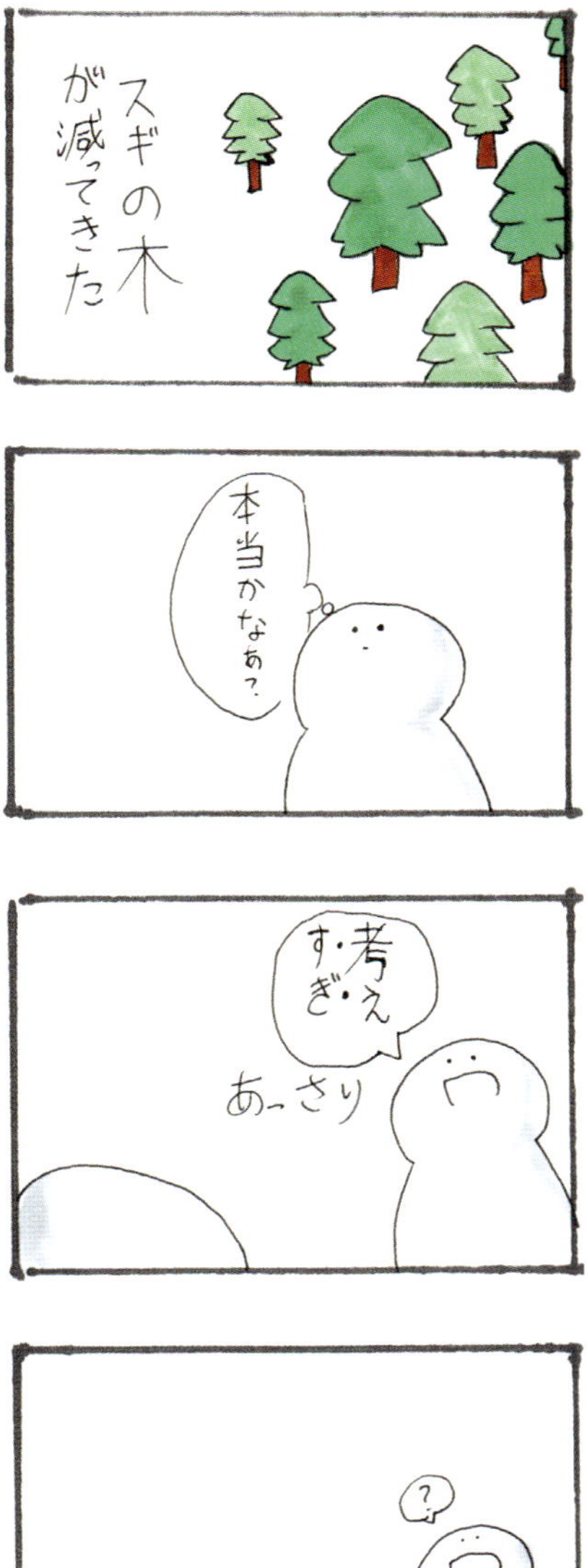
スギの木が減ってきた
本当かなぁ？
考えすぎ
あっさり
？

ステテコ

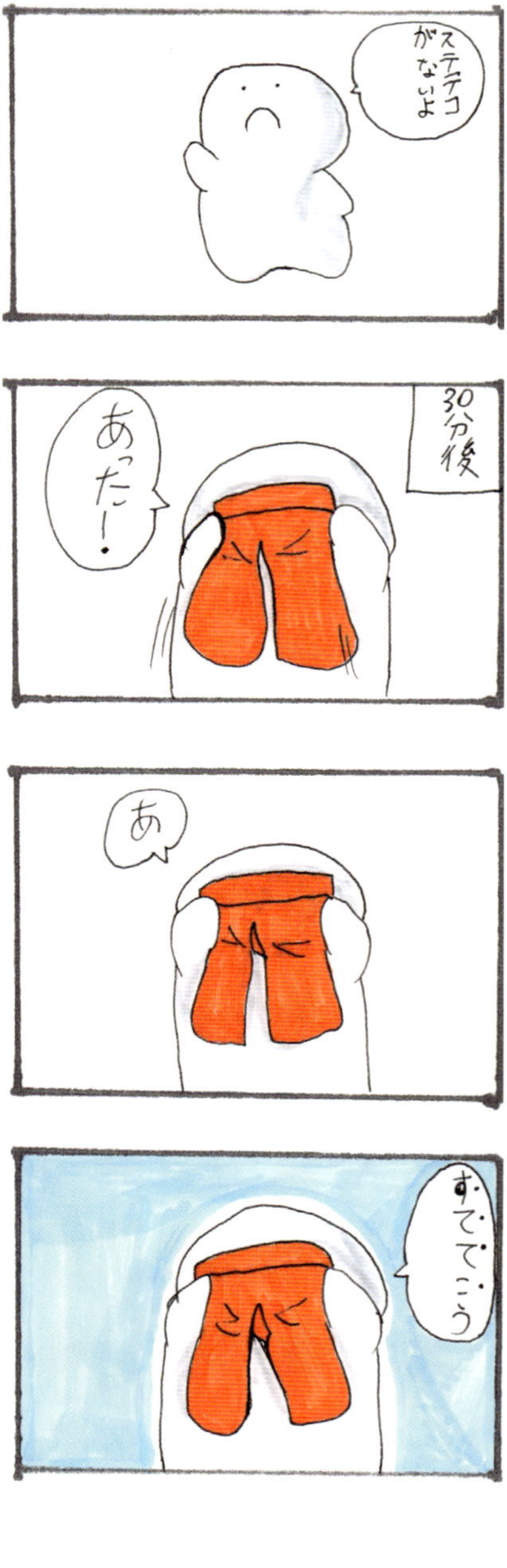
ステテコがないよ
30分後
あった！
あ
すててこう

台風

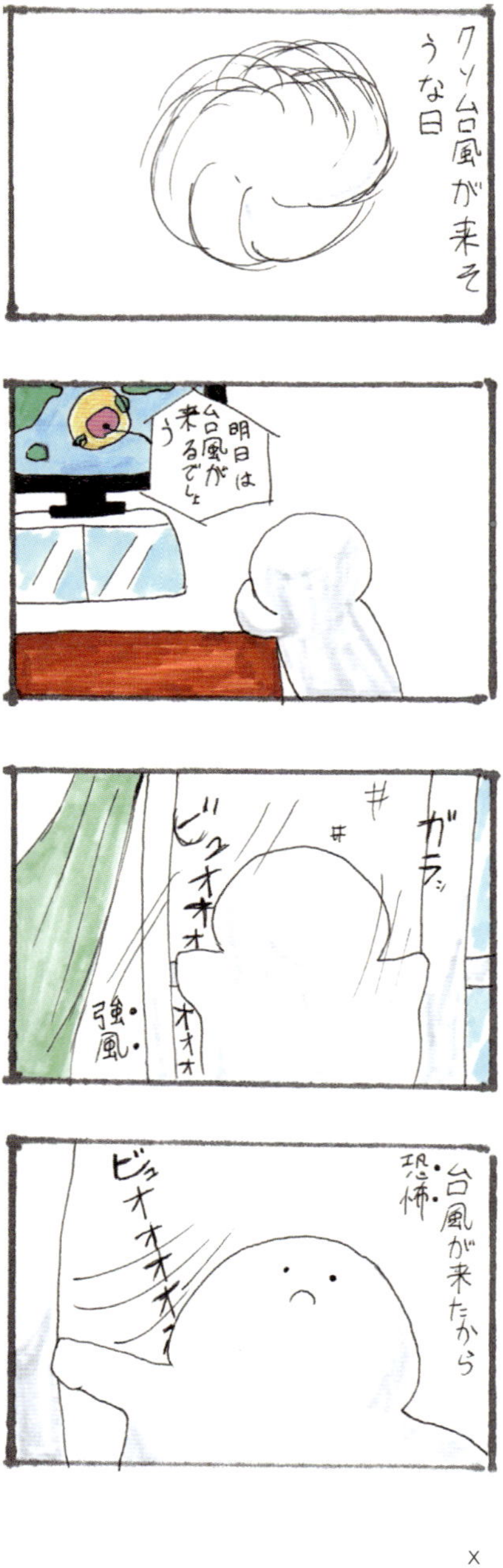
クソ台風が来そうな日
明日は台風が来るでしょう
ガラッ
ビュオオオ
オオオ
強風
台風が来たから恐怖
ビュオオオオオ

たね

※グレープフルーツ
あ、たねがあった
よかったね
ペッ

げた

おでかけの時
ぞうりでいい？
えー？これげたでしょ!?
ガチャ
たまげた・・
パタン
……

バウムクーヘン

←バームクーヘン
おなかいっぱい
だからもう
く〜へんの?
グサッ
むしゃむしゃ
ビュッ

障子

障子しめて
しょうじしました
パタン
すぐに部屋に来い
…
!?

クイチャー

宮古島のクイチャー
※五穀豊穣を願う踊り
おどりにくいちゃー!
いいかげんにしろ!
へぶしっ
ガッ

アブ

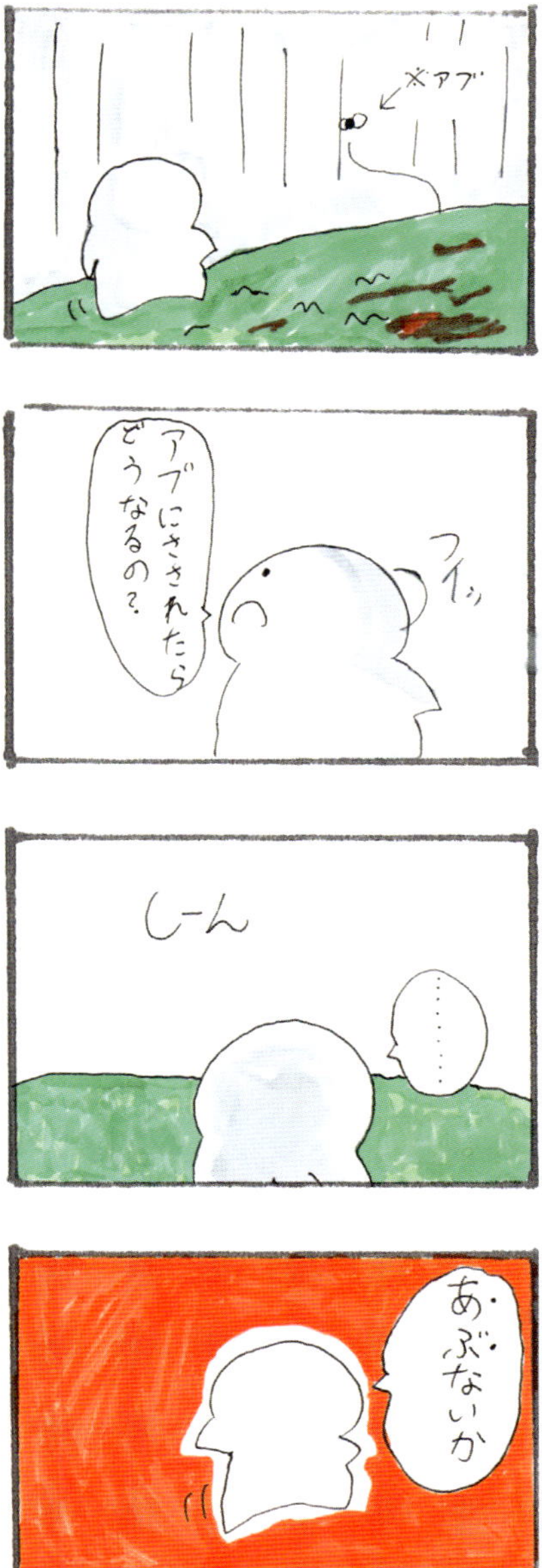
※アブ
アブにさされたらどうなるの?
フイッ
しーん
……
あぶないか

中2

ななが中2の時
なな(中2)
テレビに夢中
ガチン
早くねむれ！
ちゃーーに！
ニョキ

のまんじゅう

のまんじゅうの「の」を書いている所
いらっしゃいませー
「の」入りますか？
のー
NO

肉

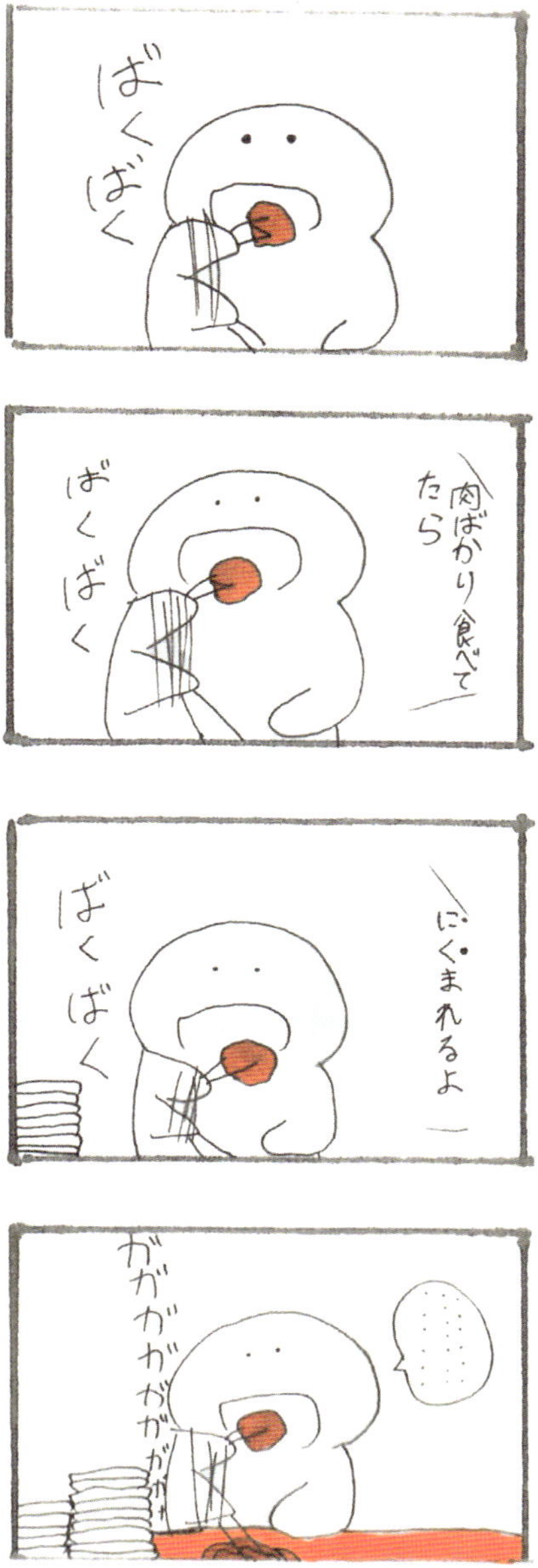

ばくばく
ばくばく
肉ばかり食べてたら
ばくばく
にくまれるよ
がががががががが
……

蓮

蓮という名前
はすの花だよね
蓮
仏教の花
だといわれてるよね？
うんうん
いいはす
ねぇ〜

ハンマー

中辛

とー、うっさ（はい、おしまい）